U0459411

初中历史
课程与教学设计研究

CHUZHONG LISHI KECHENG YU JIAOXUE SHEJI YANJIU

□ 魏礼堂 著

陕西新华出版

陕西人民教育出版社

·西安·

图书在版编目（CIP）数据

初中历史课程与教学设计研究 / 魏礼堂著 . -- 西安 :
陕西人民教育出版社 , 2024. 9. -- ISBN 978-7-5757
-0247-8

Ⅰ . G633.512

中国国家版本馆 CIP 数据核字第 20247HW296 号

初中历史课程与教学设计研究

CHUZHONG LISHI KECHENG YU JIAOXUE SHEJI YANJIU

魏礼堂 著

出版发行 : 陕西人民教育出版社

地　　址 : 西安市丈八五路 58 号

邮　　编 : 710077

经　　销 : 各地新华书店

印　　刷 : 天津旭丰源印刷有限公司

开　　本 : 787 毫米 × 1092 毫米 1/16

印　　张 : 15.5

字　　数 : 250 千字

版　　次 : 2024 年 9 月第 1 版

印　　次 : 2024 年 9 月第 1 次印刷

书　　号 : ISBN 978-7-5757-0247-8

定　　价 : 72.00 元

版权所有 翻印必究

简　介

　　本书是一部全面且深入探讨初中历史教育的专著。首先介绍了该研究的背景和意义，帮助读者构建对初中历史教育的整体认知体系。其次，本书通过对教育理论的论述和对初中历史课程框架的建构，打下了扎实的理论基础。学科标准与目标章节则详细分析了初中历史学科标准，并确立了明确的课程目标。随后，作者深入讨论了初中历史教学的策略与方法，为教育者提供实用的指导。本书注重教材与资源的选择，以确保教学材料的质量和多样性。课程评价一章提出应构建多元化的评价方式，以便全面了解学生的学习成果。通过教学实践和案例分析，深度还原了初中历史教学的真实场景。最后，本书展望未来的发展趋势，针对初中历史课程提出建议与总结，为该领域的教育者和研究者提供了有益的参考和启示。

前　言

历史，作为一门学科，承载着人类的文明与智慧，是我们认识世界、理解人类社会发展、培养人文素养的重要学科之一。而初中历史教育则承担着培养学生历史意识、人文精神和国家认同感的使命，对学生综合素养的提升和未来发展具有重要意义。

《初中历史课程与教学设计研究》立足于对初中历史教育全面且深入的探讨，旨在为广大历史教育工作者提供理论指导与实践参考。通过对历史教育背景与意义的阐述，我们希望读者能够深刻认识到初中历史教育的重要性，并在实践中不断探索创新，推动历史教育事业的蓬勃发展。

本书首先介绍了历史教育的理论基础和初中历史课程的基本框架，为读者提供了系统的理论知识支撑。在此基础上，我们进一步探讨了初中历史学科育人标准与目标的制定，旨在明确教学目标，引导教学实践。同时，我们还深入研究了初中历史的教学策略与方法，以及教材与辅助资源的选择与运用，帮助教育者更好地设计教学方案，增强教学效果。

课程评价是教育教学过程中不可或缺的一环，因此我们特别关注了初中历史课程的评价方式与标准，提出了多元化的评价方法，旨在全面了解学生的学习成果，为教学改进提供依据。同时，通过教学实践与案例分析，我们希望读者能够深入了解初中历史教学的真实场景，从中汲取经验，不断完善自身的教学实践。

最后，本书展望了初中历史教育未来的发展趋势，并总结提出了相关建议，希望能够为初中历史教育领域的教育者和研究者提供有益的参考和启示，共同推动初中历史教育事业迈向新的高度。

愿本书能够成为广大历史教育工作者的指南和助力，为培养具有历史文化素养的新时代公民贡献力量！

编 者

2024.2

目 录 contents

第一章　导论

第一节　研究背景

一、基础教育改革背景下的历史课程

（一）宏观背景

自改革开放以来，我国基础教育改革经历了多个阶段。从九年义务教育的实施到素质教育的提出，最终到新课程改革，这一改革过程影响深远，为各学科课程的发展创造了新的机遇。

改革开放初期，政策的解封和体制的变革为我国基础教育营造了新的发展空间。九年义务教育的实施使教育资源的覆盖面更广，也为学科课程的调整创造了条件。在这个时期，基础教育政策开始更加注重对学生素质的全面培养，学科课程逐渐受到更多的关注。

随着素质教育理念的引入，教育的目标逐渐从传统的传授知识转变为培养学生的全面素养和综合能力。学科课程也逐渐从传统的课程设置中解放出来，开始注重各学科之间的联系和综合性学习。历史课程在这一时期也开始注重培养学生的历史思维和综合素质，不再只关注知识的传授。

新课程改革的实施是基础教育改革的又一重要里程碑。新课程改革以培养学生的创新能力、实践能力和综合素质为目标，强调学科课程的整合与创新。历史课程在新课程改革中逐渐由传统的灌输历史知识转为注重培养学生

的历史思维、批判性思维和创新性思维。学生通过对历史课程的学习，可以更加全面地理解历史事件，不仅关注事件的发生，更注重历史事件背后的因果关系和影响。

在当前基础教育改革阶段，新课程改革依然发挥着积极的作用。其政策方向更强调个性化发展和素质教育，为学科课程提出了更高的要求。历史课程在当前的发展阶段应当更加注重培养学生的综合能力，引导学生更深层次地思考历史问题。这一宏观视角为后续深入探讨初中历史课程的改革方向和策略提供了有力的支持。

（二）历史教育在基础教育改革中的作用

历史教育在基础教育改革中扮演着举足轻重的角色，对学生的全面发展有着深刻影响，尤其在提高学生人文素养和培养学生历史思维等方面具有不可替代的作用。对历史教育的深入探讨，可以揭示历史教育在基础教育改革中的关键作用。

首先，历史教育在基础教育改革中的地位体现在其对学生综合素质的培养上。历史教育旨在通过学习历史事件、人物和文化传统，使学生具备更加广泛的人文知识，加深对人类文明发展的理解。在基础教育改革的大背景下，历史教育有助于培养学生的人文素养，提升他们对人类社会的整体认知和情感体验。

历史教育在基础教育改革中的作用也体现在其对学生思维能力的培养上。历史教育强调逻辑推理、因果分析以及对多元文化的理解，这些都有利于培养学生的创新精神和批判性思维。通过学习历史，学生能够更好地梳理事件的发展脉络，养成独立思考的能力，为其未来在不同领域的学科学习和职业发展奠定坚实基础。

在基础教育改革的过程中，历史教育对学生全面发展的影响并未局限在学科知识层面，更体现在对学生综合素质的全方位塑造。历史学科通过让学生参与对历史事件的探讨，培养他们的团队协作能力、表达能力以及解决问题的能力，帮助学生更好地适应未来社会的发展需求，使学生成长为既具有扎实专业基础又具备综合素养的人才。

强调历史教育在基础教育改革中的地位和作用，对于突显基础教育改革的综合目标、理念和实践有着重要意义。历史教育的重要性不仅在于传授历史知识，更为学生未来的生活和社会参与提供了深刻的启示。

二、历史学科的发展需要

历史学科作为一门人文科学，其本质是通过研究过去的事件、社会、文化等，来理解人类社会的发展过程以及各种变迁。由于历史学科的独特性质，其发展一直以来都受到社会、文化和教育观念等多方面因素的影响。研究初中历史课程对理解历史学科的发展至关重要，因为初中历史教育是学生初步接触和学习历史的阶段，教学内容和方法的设计直接关系到学科本身的发展。

（一）基于新一轮基础教育历史课程改革的需要

随着时代的发展和教育理念的不断更新，基础教育阶段的历史课程也在进行不断调整和改革。新一轮基础教育历史课程改革的背景是多元的，其中最为显著的是历史学科课程标准的更新。更新后的历史学科课程标准强调时代精神、人文精神、科学态度、民主法治观念、国际意识和可持续发展观念，要求构建符合学生学习特点的历史教学体系，使教学内容更贴近学生的实际生活，更符合学生的认知水平。这意味着历史教育将更加关注学生的个性化需求，加强学生核心素养和综合素质的培养。

2014 年，教育部在《关于全面深化课程改革落实立德树人根本任务的意见》中提出："青少年学生思想意识更加自主，价值追求更加多样，个性特点更加鲜明。国际竞争日趋激烈，人才强国战略深入实施，时代和社会发展需要进一步提高国民的综合素质，培养创新人才。"① 教育部在相关文件中也明确提出要培养创新型学生，突出学生的个性特点，提高学生的自主性。因此，为了适应这一新形势，历史教学方法和策略的创新势在必行。

（二）基于新版历史课程标准变化的需要

随着新课程改革的进一步发展和初中历史教学的需要，学生的历史学科核心素养培养成为初中历史教学中的重要课题。2022 年，教育部新颁布了《义务教育历史课程标准（2011 年版）》的修订版本《义务教育历史课程标准（2022 年版）》（以下简称"新版课程标准"）。

新版课程标准在课程理念和课程实施方面更注重学生的自主探究，强调教育的育人价值，凸显了人的发展。新版课程标准在课程内容的教学提示中还强调："要注重对学生历史学习方法的指导，从帮助学生学会阅读、理解教材，概括所学内容入手，进而指导学生解读史料，使学生逐步学会对史事进行分析"②。新版历史课程标准的出台，标志着历史教育进入了新的阶段。该标准更加注重学生的自主探究，强调教育的育人价值和人的发展，要求教师注重对学生历史学习方法的指导，帮助学生从已知史料中获取信息，培养学生的分析能力和解读能力。然而，目前的历史教学中存在着诸多问题，如学生对历史学科的重视程度不高、对史料的阅读能力较弱等。因此，如何切实提高历史教学的质量，成为当前历史教育改革的紧迫任务之一。

① 中华人民共和国教育部. 教育部关于全面深化课程改革落实立德树人根本任务的意见 [Z]. 2014.

② 中华人民共和国教育部. 义务教育历史课程标准（2022 年版）[S]. 北京：北京师范大学出版社，2022：15.

三、当前初中历史课程的教学现状

（一）初中生的历史学习现状及出现的问题

现阶段初中生的历史学习呈现出一系列突出问题，这些问题影响了学生对历史学科的理解、对历史知识的掌握程度以及学习效果。一是，初中生在历史学习方面存在着系统性不强的问题。由于历史学科知识的广泛性和复杂性，学校在有限的教学时间内往往难以系统地覆盖历史的各个领域和不同历史时期，导致学生无法构建足够清晰的历史发展脉络。二是，学生的历史学习往往呈现出碎片化的特点。在课堂教学中，教师可能过于注重让学生对历史事件进行罗列和对史实进行简单背诵，而忽略了历史事件之间的内在联系和影响，导致学生对历史知识的掌握流于表面，缺乏深度思考和理解。三是，初中生对历史学科的重视程度普遍不高。在当前教育体制下，学生普遍面临着来自升学的压力，导致他们对历史这类认知性较强、需要长期积累和思考的学科缺乏足够的重视和投入。另外，初中生的史料阅读能力相对较弱。历史学科的学习离不开对各种历史文献、资料的解读和运用，然而，许多学生对史料的理解能力和分析能力不足，导致他们在历史学习过程中难以深入思考和发挥批判性思维。

这些问题的存在不仅影响了学生的历史学习效果，也制约了历史教学的质量和效果。为了解决这些问题，有必要对初中历史教学进行深入分析和探讨。首先，需要在课程设置上注重增强历史教学的系统性，通过科学合理的课程设计，确保学生能够系统地学习和掌握历史知识，形成清晰的历史认知结构。其次，教师在教学过程中应该引导学生建立起对历史事件的整体性认识，培养学生整体、深入地理解和分析历史现象的意识，而不是仅仅停留在事件的表面。此外，学校和社会应该共同营造尊重历史学科、鼓励学生探索历史内涵的氛围，减轻学生的升学压力，让他们能够更加专注于历史学习，提高对历史学科的重视程度。最后，需要加强对学生史料阅读能力的培养，通过开展丰富多样的教学活动和课外拓展活动，提高学生对史料的理解和运用能力，从而促进学生对历史学科的深入理解。

（二）教师在历史教学中任务的布置

在历史教学中，教学任务的布置是至关重要的。合适的任务设置不仅可以有效激发学生的学习兴趣，加强他们的学习效果，还能够促进学生综合素养的提升和历史意识的培养。然而，目前一些教师对学习任务的理解存在着一定的偏差，他们往往过于狭隘地将任务等同于课后作业，忽视了任务在课堂教学中的重要性。因此，有必要对教师在历史教学中任务布置的情况进行深入研究，以探讨如何科学合理地设置任务，从而提升教学效果。

在历史教学中，教师应该意识到任务不能等同于课后作业，而应包括课堂教学中的各种活动和要求。例如，教师可以设置课堂讨论、小组合作、文献阅读、实地考察、历史文化展示等多种形式的任务。通过这些任务，学生不仅能够在课堂上积极参与，展示自己的观点和想法，还能够通过互动交流，加深对历史知识的理解和掌握。

在任务设置中，教师应该注重任务的多样性和灵活性。根据不同的教学内容和学生的学习特点，教师可以设计各种形式的任务，以满足不同学生的学习需求和兴趣。同时，教师还应该根据教学目标和教学进度，合理安排任务的难度和时间，确保任务的完成能够促进学生的学习和发展。

除此之外，教师在任务设置中还应该注重任务与教学内容的关联性。每个任务都应该与教学内容紧密相连，这有助于学生更好地理解和掌握所学知识。教师可以根据教学内容的特点，设计具有启发性和挑战性的任务，引导学生主动探索和学习历史知识。

最后，教师在任务布置中应该注重任务的反馈和评价。通过及时的反馈和评价，教师可以了解学生的学习情况、发现学生在学习中的问题，及时调整教学策略和任务设置，进一步提升教学效果。同时，教师还可以通过评价结果，对学生的学习成果表示认可和鼓励，激发他们的学习动力和兴趣。

第二节 研究意义

一、从学科发展的角度分析

（一）对学科发展的重要性

初中历史课程与教学设计的研究对历史学科的发展具有重要意义。历史作为一门人文社会科学，旨在通过对过去事件、人物和文化的研究，帮助人们更好地理解现实世界，为未来的发展提供经验和启示。因此，历史课程的设计和教学方法的选择直接影响着学生对历史学科的认知和理解程度。合理的历史课程设置可以帮助学生建立起对历史发展脉络的整体认知，培养其历史思维和历史意识，进而提升其综合素养水平。深入研究初中历史课程与教学设计，可以促进历史学科的建设，推动历史教育朝着更加科学、严谨、有效的方向发展。

（二）对学生综合素养培养的促进作用

历史课程与教学设计不仅是学科发展的关键，也是学生综合素养培养的重要途径。通过历史课程的学习，学生不仅能够掌握历史知识，还能够培养批判性思维、逻辑思维和跨学科的综合能力。历史教学不仅要求学生了解历史事件和人物，还要求他们理解历史事件背后的原因和历史事件的影响，从中总结历史规律，这有助于培养出具有历史思维能力的学生。因此，通过优化教学内容和方法，提升学生的综合素养水平，为其未来的学习和发展打下坚实的基础，也是研究初中历史课程与教学设计的意义之一。

（三）促进历史学科的发展

历史教育不仅仅是为了向学生传授历史知识，更是为了培养学生的历史思维和历史意识。因此，研究初中历史课程与教学设计对于推动历史学科的发展具有重要意义。通过深入研究历史课程的设置和教学方法的选择，可以促进历史学科教学理念的更新和教学模式的创新，为学科的发展注入新的活力和动力。同时，研究成果的分享和交流也有助于拓宽历史学科的研究视野，促进历史学科理论的深化和实践的创新，推动历史学科朝着更加科学、严谨、系统的方向发展。

二、从教育教学改革的角度探讨

（一）促进教育教学改革的深入推进

研究初中历史课程与教学设计不仅对历史学科的发展具有重要意义，也是教育教学改革的重要一环。当前，教育教学改革已成为教育事业发展的主题，而历史教育作为人文社会科学的重要组成部分，其改革亦备受关注。通过对初中历史课程与教学设计的研究，可以发现和解决当前历史教育中存在的问题，为教育教学改革提供理论和实践支撑。通过优化课程设置、更新教学方法、拓展评价体系等措施，可以促进教育教学改革的深入推进，推动教育体制和教学理念的创新，为建设现代化教育体系提供有力支持。

（二）推动素质教育目标的实现

素质教育是当前教育改革的重要方向之一，其核心是培养学生的综合素质和能力，而历史教育恰恰具备培养学生综合素质的作用。通过对初中历史课程与教学设计的研究，可以更好地挖掘历史教育的作用，优化教学内容和方法，促进学生思维能力、创新能力、合作能力等多方面素质的全面发展。

因此，研究初中历史课程与教学设计对于推动素质教育目标的实现具有重要意义，也为学生的综合发展提供了更加丰富和有益的教育资源。

（三）促进教师专业水平发展

教师是教育教学改革的重要主体，其专业水平和教育理念直接影响着教育教学改革的实效。通过对初中历史课程与教学设计的研究，可以帮助教师深入理解历史教育的特点和规律，提升教师教学能力和水平。同时，研究成果的分享和交流也有助于促进教师之间的互动和合作，推动教师专业水平的提升，为教育教学改革提供更加有力的支持和保障。

三、从实践应用的角度探讨

（一）提升教学质量和效果

初中历史课程与教学设计的研究不仅具有理论意义，还能够促进实践教学措施的改进和教学水平的提升。通过对教学内容、教学方法、教学资源等方面的优化和创新，可以提高教学质量和效果，使学生更加积极主动地参与到学习过程中，激发他们的学习兴趣，从而提高学生的成绩。

（二）解决实际教学中的问题

在实际教学中，教师常常面临着诸多挑战和困难，例如学生学习兴趣不高、教学资源匮乏、教学方法单一等。通过对初中历史课程与教学设计的研究，可以帮助教师更好地解决这些问题，提升教学效果。例如，通过开发多样化的教学资源，如图书、影视资料、实物展示等，可以丰富教学内容，激发学生的学习兴趣；同时，针对学生学习特点和需求，设计灵活多样的教学方法，如案例分析、讨论辩论、角色扮演等，可以增强教学的趣味性和丰富性，提升学生的学习积极性和参与度。

（三）实践中的验证和反馈

研究初中历史课程与教学设计不仅能够为教师的教学提供理论指导，更重要的是可以在实践中得到验证和反馈。教师可以将研究成果应用于实际教学中，并根据学生的反馈和教学效果进行调整和优化。通过不断地实践验证，发现和总结出切合教学实际的有效的教学方法和策略，进而提升教学质量和效果。

（四）推动教育教学改革的落地实施

研究初中历史课程与教学设计的最终目的是促进教育教学改革的落地实施，实现教育教学目标的全面提升。将研究成果应用于实际教学中，并进行成效评估和经验总结，可以为教育教学改革的顺利推进提供有力支持。同时，教学实践的积累和经验总结，也可以为未来的研究和实践提供宝贵的经验。

四、从学术研究的角度阐述

（一）填补学术空白，拓宽研究视野

初中历史课程与教学设计作为一个重要的研究领域，目前仍存在许多尚未解决的问题和待深入探讨的议题。深入研究初中历史课程与教学设计，可以填补相关领域的学术空白，拓宽研究视野，为学科发展和教育教学改革提供新的理论支撑和实践经验。

（二）促进学科发展和理论创新

学科的发展离不开学术研究和理论创新的支持。通过对初中历史课程与教学设计的研究，可以探索历史教育的新理念、新方法和新技术，推动历史学科的发展和理论创新。同时，学术研究还可以为教师的教学实践提供理论指导和方法支持，提高教学质量和效果。

第二章　初中历史教育理论与课程框架

第一节　初中历史教育理论

一、历史课程理论

（一）历史课程的本质

历史课程作为学校教育的关键组成部分之一，承载着传承历史文化、培养学生综合素养的重要使命。历史课程不仅要向学生传授历史知识，更要培养他们的历史意识和历史思维能力。历史课程的核心是通过系统地学习历史事件、人物、文化等内容，引导学生深入思考历史内容背后的原因、影响以及历史与现实之间的联系。

1. 传授历史知识

历史课程作为一门重要的学科，承载着传授历史知识的使命。通过历史课程，学生有机会了解不同历史时期的重要事件、杰出人物、文化成就等，这些丰富的历史内容不仅可以帮助学生建立起对历史的基本认识，还能够拓宽他们的视野，使他们更好地理解和解释现实世界中的各种社会现象和问题。历史知识的传授并非简单的填鸭式灌输信息，而是通过梳理历史事件和事实，让学生汲取智慧并感悟历史的启示和价值。

在历史课程教学中，教师要以启发性教学为主，将历史知识系统化地呈现给学生，激发他们对历史的浓厚兴趣和求知欲。通过生动有趣的教学手段和案例分析，教师可以帮助学生建立起对历史的整体认知框架，促进他们对历史事件背后深层次原因的思考，并引导他们理解历史事件对当今社会的重要影响。同时，历史知识的传授也应该注重与学生的现实生活相结合，引导他们运用历史知识去解读当下社会现象，培养批判性思维和历史意识，从而提高学生的综合素质和社会责任感。

2. 培养历史意识

历史意识作为一种重要的思维方式和认知态度，在历史教育中的培养至关重要。通过历史课程的学习，学生可以逐渐形成正确的历史观念和历史态度，这不仅有助于他们理解和评价历史事件、历史过程以及历史发展规律，还能促使他们在现实生活和未来社会中形成正确的历史意识和文化自觉。历史意识不仅是对历史事实的认知，更是对历史意义和历史精神的体悟。

在历史课程中，教师应该引导学生从历史事件中寻找规律、总结经验，让他们意识到历史对个人、社会和国家发展的重要性。通过深入探讨历史事件背后的原因、影响和启示，学生可以从历史中汲取智慧，更好地理解世界和人类的发展历程。同时，历史意识的培养也有助于学生形成积极的人生态度，学会从历史中吸取经验教训，为自己的生活和未来做出更加成熟和明智的选择。

通过历史意识的培养，学生可以拥有更为宽广的视野和深入思考的能力。他们将能够更好地理解社会变革和历史演进的规律，树立正确的历史观和文化自觉，增强社会责任感和文化认同感。

3. 培养历史思维能力

通过历史课程的学习，学生可以培养历史思维能力，即运用历史知识和方法对历史问题进行分析、判断和评价的能力。历史思维的培养旨在让学生了解历史事件的发生和演变过程的同时，引导他们从多个角度和不同维度去思考历史问题，形成独立、批判性的历史思维。这种历史思维对学术研究、职业发展以及社会参与具有重要意义，是培养学生综合素养和创新能力的重要途径。

在历史课程中，教师可以通过激发学生的兴趣、提供具体案例、引导深入探讨等方式，促进学生历史思维能力的培养。学生在学习历史知识的同时，可以通过分析历史文献、解读历史事件、探讨历史背景等活动来锻炼自己的历史思维能力。这种能力不仅涉及逻辑推理、批判性思维，还包括对历史事件的多维度理解和多角度思考，有助于学生形成系统性、全面性的历史观。

历史思维能力的培养有助于学生形成独立思考的能力，培养其批判性思维和分析问题的技能。通过历史思维能力的培养，学生能够更好地理解历史事件的内在逻辑、深层次含义，并将这种思维方式应用于其他学科领域或现实生活中。同时，历史思维能力还能够激发学生的创新思维，引导他们提出新颖观点和见解，为学生个人成长和社会发展注入新的活力和动力。

（二）历史课程的特点

历史课程作为一门重要的学科，具有显著的特点，包括多样性、渗透性和开放性等。

1. 多样性

历史作为一门学科，包含丰富多彩的历史事件、人物、文化和社会现象等。这些内容涵盖了不同的历史时期、不同的历史地域以及不同的历史主题，呈现出多样性的特点。历史课程的多样性使得学生在学习过程中能够接触到不同类型的历史内容，丰富了他们的知识结构，拓宽了他们的学习视野，有助于学生全面发展。

2. 渗透性

历史并不是孤立存在的，其与政治、地理、文学、艺术等多个学科相互交织、相互渗透。在历史课程中，常常涉及其他学科的知识内容，例如历史与地理的关系、历史与政治的联系等。跨学科的教学设计有助于学生深入理解历史知识的内涵，同时也促进了不同学科之间的交叉融合，提升了学生的综合素养和跨学科思维能力。

3. 开放性

历史并非是一成不变的，在不同的历史背景和视角下有着不同的解释和理解。因此，在历史课程中，教师需要引导学生树立客观、科学的历史观念，鼓励他们积极思考历史问题，勇于质疑和探索。这种开放性的教学氛围有助于培养学生的批判性思维和创新能力，提升他们的学术素养和综合能力。

（三）历史课程设计与开发原则

历史课程的设计应当遵循一系列重要的原则，这些原则旨在确保课程内容的合理性、教学的有效性以及对学生综合素养培养的全面性。在历史课程设计中，逻辑性原则、启发性原则和实践性原则十分关键。

1. 逻辑性原则

这一原则要求课程内容有条理、有层次，符合历史发展的逻辑规律。因此，在设计历史课程时，必须考虑到历史事件、人物、文化等内容之间的逻辑关系，使得课程内容呈现出一种清晰的脉络和内在的逻辑性。只有这样，学生才能够更好地理解历史知识，形成系统完整的历史认知结构。

2. 启发性原则

启发性原则要求课程内容应当能够激发学生的兴趣和思考，促进其主动学习。历史课程并非简单的知识传授，而是应该通过精心设计的教学内容和活动，引导学生主动思考历史问题，积极参与历史学习过程。教师可以通过提出问题、展示案例、开展讨论等方式，激发学生的好奇心和求知欲，使得他们能够在历史学习中不断发现、思考和探索。

3. 实践性原则

这一原则要求课程内容应当贴近学生的实际生活和社会实践，有利于知识的应用和转化。历史知识并非孤立存在，而是与现实生活密切相关的。因此，历史课程设计应当注重将历史知识与学生的日常生活、社会实践相结合，通过实地考察、文献分析、案例研究等方式，使得学生能够将所学历史知识应用到实际问题中去，培养他们的实践能力和应变能力。

二、历史教学理论

（一）历史教学的常见形式

历史课程的教学模式涵盖了多种形式，每种形式都有其独特的特点和适用场景。在历史教学中，常见的教学形式包括讲授型、讨论型和实践型等。

1. 讲授型教学

在传统的讲授型教学中，教师通常通过讲述和讲解的方式向学生传授历史知识。这种教学模式适合于对历史知识的广泛传播和梳理，有助于学生建立系统完整的历史认知框架。在讲授型教学中，教师扮演着知识传授者和引导者的角色，通过言传身教的方式，将历史事件、人物、文化传统等知识内容有机地呈现给学生，帮助他们理解历史的发展脉络和重要事件。

生动的语言、清晰的逻辑结构和丰富的案例是提高讲授型教学效果的关键因素。教师应该运用恰当的教学资源和技巧，通过图文并茂的讲义、多媒体展示、实例分析等方式，使得抽象的历史概念具体化，引导学生从具体案例中理解历史规律和本质，从而使学生更容易理解和接受历史知识。同时，教师在讲授过程中应注重互动交流，鼓励学生提出问题、展开讨论，促进师生之间的深入交流和思想碰撞，从而提高学生的学习兴趣和课程参与度。

尽管讲授型教学在历史教育领域中具有一定的优势，但也存在局限性且面临一些挑战。纯粹的讲授模式可能缺乏足够的互动和实践性，导致学生被动接受知识而缺乏主动探究的机会，从而影响其思维能力和创新意识的培养。因此，在进行讲授型教学时，教师需要灵活运用不同的教学策略和方法，结合启发式问题、小组讨论、案例研究等形式，以丰富教学内容，激发学生的思考能力。

2. 讨论型教学

讨论型教学是一种有助于培养学生批判性思维和表达能力的教学模式。在历史课程中，教师可以引导学生就特定的历史问题展开讨论，鼓励他们自由表达观点、提出疑问、交流思想。通过与同学之间的交流和辩论，学生可以从不同的角度去思考历史事件，拓展自己的认知，增进对历史的理解和把握。

讨论型教学有助于激发学生主动学习的积极性，增强他们参与学习的动力。通过与同学之间的交流互动，学生可以积极思考问题、分析证据、评估观点，并表达自己的意见和立场。不仅如此，讨论型教学也有助于培养学生的合作能力和团队意识。学生需要倾听他人的观点，尊重多元观点，并在讨论中相互启发和完善观点。

在开展讨论型教学时，教师应充当引导者和指导者的角色。教师可以提出开放性的问题，引发学生的思考，然后组织学生进行小组讨论或全班辩论，并及时给予指导和反馈。在讨论过程中，教师应给予学生充分的自主权，鼓励他们发挥个人创造力和批判性思维，而不是仅仅追求标准答案。

总之，讨论型教学有助于培养学生的批判性思维能力。通过与同学的辩论和交流，学生可以更加全面地理解历史事件的复杂性，并从多个角度去评估事件的影响和意义。此外，讨论型教学还可以培养学生的独立思考能力、问题解决能力和团队合作能力，这些能力在学生今后的学习和生活中都具有重要意义。

3. 实践型教学

实践型教学是一种注重学生亲身体验和实际操作的教学模式，能够有效培养和提升学生的历史思维和实践能力。在历史课程中，实践型教学可以通过实地考察、文献阅读、实验探究等方式，让学生深入了解历史事件和人物，加深学生对历史的理解和感受，提高实际应用历史知识的能力。

实践型教学注重培养学生的实践能力和解决问题的能力。通过参与实践活动，学生不仅能够学到知识，还能够学习如何运用历史思维去分析和解决问题。比如，学生可以通过实地考察历史遗址、博物馆等，亲自感受历史的痕迹。他们也可以通过文献阅读和实验探究的方式，深入研究历史事件和人物，提出自己的观点和见解。这些实践活动将激发学生的积极性和创造力，培养他们的批判性思维和独立思考能力。

实践型教学还有助于培养学生的团队合作精神。在实践活动中，学生往往需要通过小组合作的方式，共同研究和解决问题。通过与他人的合作和交流，学生将学会倾听他人的观点、尊重不同意见，并通过合作取得更好的结果。这种团队合作的能力对于学生未来的社会和职业发展具有重要意义。

（二）历史教学评价的目的与内容

1. 历史课程评价的目的

历史课程评价的目的在于对教学过程和教学效果进行客观评价，从而达到多方面的目标。

（1）检验教学质量

通过对历史课程教学过程和结果的评价，可以客观地了解教师教学水平的高低，教学方法的有效性以及教学资源的使用情况，从而为保障和提高教学质量提供依据。评价结果可以帮助教师发现教学中存在的问题和不足之处，及时调整和改进，提高教学质量和效果。

（2）改进教学方法

通过对历史课程的评价，可以发现教学中存在的问题和不足，进而探索和尝试更有效的教学方法和策略。评价过程中收集到的反馈信息也能够帮助教师认识到学生的学习需求和特点，针对性地调整和优化教学方法，提高教学效果、改善学生的学习体验。

（3）促进学生发展

通过评价历史课程，可以全面了解学生的学习情况和问题，及时发现学生在学习过程中遇到的困难，为其提供个性化的学习支持和指导。评价结果还可以帮助学生认识到自身的学习状态和不足之处，激发其学习动力，促进其学业发展和个人成长。

（4）推动课程改革和教学创新

通过对历史课程的评价，可以发现课程设置和内容安排中存在的问题，为课程改革提供有益的建议和参考。评价结果还可以促进教学创新，鼓励教师尝试新的教学方法和手段，推动教学理念的更新和发展，提升历史课程的吸引力和实效性。

2. 历史课程评价的内容

历史课程评价的内容应该综合考虑多个方面，以全面评估学生的历史学习情况和能力发展。主要包括对学生知识水平的评价、思维能力的评价和实践能力的评价等。

（1）对知识水平的评价

对学生知识水平的评价是历史课程评价的重要内容之一。这一评价主要通过考试、测验、作业等方式进行。评价的主体是学生对历史知识的掌握程度，包括对历史事件、人物、地理、文化等方面的掌握情况。通过定期的作业和考试，可以客观地评估学生的学习成绩和知识掌握水平，及时发现学习中的问题，为后续教学提供指导和调整方向。

（2）对思维能力的评价

对思维能力的评价是历史课程评价的另一个重要方面。历史学科注重培养学生的批判性思维、分析能力和判断能力，因此评价应重点关注学生的思维能力发展情况。这一评价主要通过讨论、论文写作、项目报告等方式进行。教师可以设置课堂讨论、小组合作、论文撰写等活动，引导学生进行深入思考、提出观点和论证论点，从而评价其分析、判断和表达能力。

（3）对实践能力的评价

对实践能力的评价是历史课程评价的另一个重要内容。历史学习不能只是纸上谈兵，更需要学生具备实际操作和应用历史知识的能力。因此，评价应关注学生的实践能力发展情况。这一评价主要通过实践活动和项目任务进行，如实地考察、文献分析、历史展示等。通过参与实践活动，可以评估学生应用所学的历史知识解决实际问题的能力。

三、史学理论

（一）史学的基本原理

史学作为一门独立的学科，有其独特的基本原理。首先是客观性原理，即史学研究应立足于客观事实和真实记录，追求客观真理。史学研究应摒弃主观偏见和情感色彩的干扰，对待历史事件和人物，应客观地进行分析和解释。其次是科学性原理，即史学研究应遵循科学的研究方法和规律，进行系统、客观、科学地分析和探索。史学研究不仅需要依靠历史学科的理论体系和方法论，还需运用史料分析、历史考证等科学方法，进行科学的历史研究。另外，史学研究还应遵循全面性原则，即在研究历史问题时应全面、系统地考察历史事件、人物、背景等方面的内容，以形成全面深入的研究成果。史学研究需要综合运用历史、社会学、人类学等多个学科的知识和方法，全面把握历史现象的本质。

（二）史学的研究方法与技巧

史学的研究方法与技巧是进行历史研究和学术探讨的重要工具和手段。其中，史料分析是史学研究的基本方法之一，即通过对历史文献、资料、文物等史料的搜集、整理和分析，揭示历史事件和人物的真实面貌和内在联系。历史考证是史学研究的重要手段之一。通过对史料的考证和校勘，澄清历史事件和人物的真实情况，还原历史的真实面貌。另外，比较研究是史学研究的有效方法之一。对不同历史时期、不同地域、不同文化的历史现象进行比较分析，可以揭示历史规律和特点，丰富历史研究的内容和视野。同时，历史理论研究、历史模型构建等方法也是史学研究中常用的技巧，有助于深入理解历史现象和发展规律。

（三）史学研究的现状与挑战

史学研究在不断发展和进步的同时，也面临着一些挑战和困难。首先，史料的获取和利用是史学研究的重要问题之一。因部分历史文献、资料可能受到保存条件和获取途径的限制，所以史学研究的深度和广度也会受到一定影响。其次，史学研究的学科交叉性和跨学科性也是一个挑战。史学研究需要综合运用多个学科的知识和方法，如历史学、考古学、文学、社会学等，这要求研究者具备广泛的学科背景和专业知识。另外，历史观念和方法论的多元化也给史学研究带来了挑战。不同的历史学派和学术流派可能存在不同的研究理念和方法，这需要研究者保持开放的思维，兼容并蓄，以推动史学研究的多样化发展。因此，史学研究需要不断探索和创新，寻求适合自身发展和时代需求的研究路径和方法，不断提升学术水平和研究质量。

四、初中生历史学习的基础与心理特征

（一）初中生学习历史知识的基础

初中生带着对古今中外历史的零散的、感性的认知进入初中阶段，开始接触初中历史课程。这一阶段的学生已经在小学时期通过学科课程和各种媒体接触到一些历史知识，但这些知识还没有形成系统的体系，更多的是一些具体而片面的印象。初中生对历史发展的规律和本质的了解较为模糊，这为教师在教学设计中提供了重要的指导方向。

在制定教学目标和设计教学过程时，教师首先需要注意对历史线索的梳

理。通过清晰地呈现历史事件的发展脉络和内在联系，帮助学生建构更为完整的历史知识体系。强调历史事件之间的关联性和发展规律，帮助学生形成对历史发展过程的深刻理解，提高他们的历史素养。

同时，教师需要考虑学生的知识基础，选择适当的教学方法。因为初中生已经具备了一些历史知识，教师可以通过对学生已有知识的深化和延伸，引导学生逐步建立起更为系统的认知框架。启发式教学、案例教学等活跃课堂氛围的方法可以调动学生学习的积极性，激发他们对历史学科的兴趣。

此外，教师应当注重给予学生学习方法的指导。初中阶段是学生建立学科学习方法的关键时期，教师可以引导学生掌握一些有效的学习策略，帮助他们更好地应对初中历史的学习。同时，应培养学生独立思考和问题解决的能力，使其逐步掌握学习历史的基本方法。

综合而言，初中生的历史学习是一个打基础的过程，教师在教学中的任务就是在梳理历史线索、揭示历史规律的同时，善用学生已有的知识，采用多样化的教学方法，引导学生逐步学会深入思考、系统认知的学习方式，为其后续学习更深入、更高层次的历史知识奠定基础。

（二）初中生历史学习的心理特征

1.认知特征

初中生的认知特征在历史学习中具有重要意义。他们正处于儿童期向青年期的过渡阶段，这个阶段的学生对历史的认知相对较为零散、感性和具体。尽管他们在小学阶段已经接触到一些历史知识，但这些知识往往是以零散的形式呈现，缺乏系统性和深度。因此，在初中阶段，教师在历史教学中面临着需要帮助学生建立更为完整的历史知识体系的重大挑战。

首先，教师需要激发学生的学习兴趣。由于初中生的认知水平还比较初级，因此教师在教学中需要采取生动有趣的方式来呈现历史知识，引起学生的兴趣和好奇心。例如，可以通过历史故事、图片、影像资料等来展现历史事件和人物，激发学生的学习热情。

其次，教师应深入挖掘历史内容的教育感染作用，帮助学生建立更为完整的历史知识体系。这包括在教学中强调历史事件之间的联系和影响，帮助学生理解历史发展的脉络和逻辑等。通过组织课堂讨论、展示历史文献、引导学生进行历史研究等方式，教师可以帮助学生深入理解历史知识，形成更加系统和完整的认知框架。

此外，由于初中生具有较强的可塑性，教师需要灵活运用教学方法，引导学生逐步形成对复杂历史事件的认识。这包括采用多样化的教学策略和方法，如课堂讨论、小组合作、角色扮演等，有助于学生思维活动的发展和知识积累。

2. 情感特征

初中生的情感特征在他们的历史学习中有着重要的影响。他们具有朴素的爱憎观且逆反心理较强，这使得他们容易对历史事件、人物等产生强烈的个人情感色彩，对一些历史问题有直观的好恶。

首先，初中生的爱憎观表现为对历史事件和人物有直接的情感倾向。他们可能对某些历史英雄或者悲惨事件产生浓厚的兴趣，而对一些负面的历史事件产生厌恶情感。因此，教师需要敏感地捕捉学生的情感倾向，通过合适的教学内容和方法来激发学生的兴趣，使学生在学习历史的过程中能够建立积极向上的情感连接。

其次，逆反心理较强使得学生对于过于刻板的政治说教表现出不信任情绪。这给教师带来了挑战，教师需要避免在历史教学中过度灌输政治观点，应客观、公正地呈现历史事实。通过启发式的教学方法，鼓励学生自主探索和思考，帮助学生形成更加理性和独立的历史看法。

教师在历史教学中需要善用历史内容的教育感染作用，引导学生在认识历史时保持客观、理性的态度。这可以通过多样性的教学资源、引导性的提问、促进学生互动与讨论等方式来实现。教师还应当注意避免过度强调某种情感色彩，保持对多元观点的尊重，鼓励学生形成独立的历史见解。

同时，尊重学生的情感体验也是教学的一项重要任务。通过示范、引导等方式，教师可以帮助学生理解并表达他们的情感，使情感成为学生学习的动力。在历史教学中，教师可以引导学生通过讨论、写作等方式，表达他们对历史事件的情感体验，从而促进学生对历史的深入思考。

3. 学习态度特征

首先，初中生的学习态度表现为积极和好奇。他们对历史的求知欲强烈，喜欢多样、直观、生动的教学方式。这为教师提供了丰富的教学机会，教师可以通过引人入胜的历史故事、视觉资料、实地考察等方式，激发学生的学习兴趣，也可以设计富有创意和互动性的教学活动，使学生在学习历史的过程中能够享受到学习的乐趣，从而更积极地参与学习。

然而，需要注意的是初中生的注意力不集中，这是一个普遍存在的问题。教师在教学中应该采取措施维持学生的学习动力，确保他们能够保持积极的学习态度。一方面，可以通过生动的内容情节，如一些引人入胜的历史案例或趣味性的历史题材，以增强学生的兴趣。另一方面，多样的表现形式如小组合作、角色扮演、实地考察等，也能够使学生更有参与感，有助于保持学生的关注力。

为了更好地满足初中生的好奇心，教师可以采用启发式的教学方法，鼓励学生主动提问、思考，培养他们独立解决问题的能力。这不仅可以使学生积极参与历史学习，也有助于培养他们的独立思考能力。

4. 思维方式特征

初中生的思维方式特征主要表现为活跃、偏重形象思维、抽象逻辑思维能力相对较弱等。了解并合理引导运用这些思维方式特征对于提高历史教学的有效性至关重要。

首先，初中生的思维十分活跃，这意味着他们在思考和解决问题时非常积极。这为教师提供了创设性的教学机会，可以通过启发式教学方法，鼓励学生提出问题、展开讨论、进行思辨性思考，从而促使他们更深入地理解历史知识。

其次，初中生偏重形象思维，即更倾向于通过直观、具体的形象来理解问题。这说明教师在历史教学中需要采用更具体、生动的案例、图表、图片等教学资源，以帮助学生更好地理解抽象的历史概念。通过直观的教学手段，可以增强学生的学习体验感，使历史知识更容易被理解和记忆。

然而，学生抽象逻辑思维能力相对较弱，这意味着教师需要在教学中注重培养学生的抽象思维能力。通过引导学生正确运用概念进行判断、概括和归纳等，可以帮助学生逐步提高抽象思维水平。例如，在历史案例分析中，教师可以引导学生厘清事件之间的逻辑关系，培养他们的抽象历史逻辑思维模式。

教师还需要注意初中生的情绪。历史教学可能涉及一些复杂的历史事件和议题，学生容易产生强烈的情感反应。教师可以通过适当的引导和提示，促使学生进行客观、辩证地思考，培养他们的辩证思维能力，使历史学习更具有深度和广度。

第二节　初中历史课程框架

一、初中历史课程设置与结构分析

（一）课程设置分析

1. 初中历史课程的重要性

初中历史课程在学校教育中扮演着不可替代的重要角色。通过初中历史课程，学生可以深入了解人类社会的历史事件、发展历程和文明成就，从而形成对历史的整体认知和理解。这有助于拓宽学生的视野，让他们能够站在宏观的历史角度审视世界，理解社会变迁的规律和背景。通过学习历史，学生可以深入了解并欣赏不同时代和地域的文化特色，感受历史人物的特质，这种体验将激励学生保护和传承文化遗产。

初中历史课程也是培养学生人文素养和历史意识的有效途径。通过学习历史，学生能够了解历史的价值和意义，培养对传统文化的热爱和珍视，形成对历史文化的认同感和自豪感。同时，历史课程还可以引导学生深入思考历史事件背后原因和影响，培养他们的批判性思维和逻辑思维能力。学习历史不仅要记忆事件和年代，更要注重培养学生对历史内涵的理解和分析能力，让其具备辨别真假、正误的能力，形成独立思考的行为习惯。

除此之外，初中历史课程还承担着传承文明、弘扬价值观的使命。历史是一面镜子，可以让学生吸取历史事件的经验教训，了解人类文明的演进过程，认识到人类社会发展的脉络和规律。通过学习历史，学生能够汲取前人智慧，珍惜和传承优良传统，树立正确的历史观和价值观，培养责任感和使命感，为未来的发展提供坚实的文化底蕴。

2. 课程设置的内容要点

（1）历史发展主线

初中历史课程的设计应当紧扣人类社会历史的发展主线，涵盖历史的各个时期和重要内容，以帮助学生全面理解历史发展的脉络和演变过程。在这一框架下，历史可以被划分为不同的时期，包括古代、近现代等阶段，每个阶段都有其独特的事件、人物和文化，构成了人类社会历史发展的重要组成部分。

古代历史是人类社会发展的起始阶段，涵盖了从人类文明兴起到中古时期的漫长历程。初中历史课程可以着重介绍这一时期内各大文明的兴起与发展，如古埃及、美索不达米亚、中国、古希腊、古罗马等文明，探讨他们的政治、经济、文化等方面的特点和影响。同时，学生也应该了解古代亚非欧大陆的贸易往来和文化交流，以及这些文明对后世的影响。

近现代是一个极具辨识度的历史时期，期间发生了文艺复兴、大航海时代的兴起、工业革命、世界大战等一系列重大事件。在近现代历史的学习中，可以深入探讨工业化、民族独立运动、两次世界大战等事件，了解各国之间的博弈与纷争，以及现代世界格局形成的背景和原因。

（2）重要节点介绍

初中历史课程的设置除了应当围绕人类社会历史的主线发展，还应该包括对一些重要历史节点的介绍，这些节点代表了历史发展的关键转折点和重要事件，有助于学生更好地理解历史的发展脉络和演变过程。例如，在中国历史中，夏商周时期是一个至关重要的阶段，代表了中华文明的萌芽和发展。夏商周三代的兴起和衰落，青铜文化的繁荣，封建制度的确立等，都是中国历史发展中的重要节点，值得学生深入学习。

在中世纪的历史中，封建社会是一个具有标志性意义的时期。在这一时期内，欧洲封建制度逐渐确立，领主与农奴之间的剥削关系加剧，教会对人们生活的影响逐渐加深。同时，东方文明和西方文明的碰撞交流也为整个世界带来了深刻的变革和影响。学生通过学习中世纪封建社会这一历史节点，可以了解到封建社会的组织结构、社会阶层和文化传统，从而理解近现代欧洲社会的发展演变。

近现代的工业革命则是人类历史上的又一重要节点。工业革命的兴起标志着人类生产力的飞速发展和资本主义经济体系的崛起。由手工生产向机械化大规模生产的转变，由传统农业社会向现代工业社会的转型，都是工业革命带来的重要变革。在工业革命时期，科技进步、交通发展和社会的迅速变革推动了人类社会的发展进程，也形成了一系列社会问题和变革运动。学生通过学习工业革命这一重要历史节点，可以深刻理解现代社会的基础和前景，认识到科技进步对社会的巨大影响。

（3）中国与世界历史并重

在设计初中历史课程的框架时，应当综合考虑中国历史和世界历史两个方面，确保学生在学习过程中既能深入了解中国历史的传承和发展，又能全面认识世界历史的变革和影响，从而开阔眼界，形成全面的历史观。中国历史是一个悠久而庞大的历史体系，承载着源远流长的中华文明，其文化传统丰富，历史底蕴深厚。通过学习中国历史，学生可以认识到中国古代文明的辉煌、封建社会的兴衰、近代中国的动荡和我国现代化建设的探索，使其对中华文明的形成与发展有更全面的认知和理解。同时，与之并重的世界历史也具有重要意义，它展示了不同国家和民族之间的交流与联系，以及历史事件间的相互影响。通过学习世界历史，学生可以更好地把握世界各国社会制度、文化、经济的发展以及全球化背景下的多元文化交融，加深学生对世界的认识，提高学生的认知水平。同时，将中国历史与世界历史相结合，能够使学生更清晰地认识到中国与世界的互动关系，推动其形成更加包容和开放的历史观念，培养其批判性思维和跨文化交流的能力。因此，兼顾中国历史和世界历史两个方面的教学，对学生的历史教育具有重要意义，可以帮助他们建立更加全面和多元的历史视野，从而更好地理解和把握人类历史的脉络和进程，为其未来的学习和发展提供坚实的历史基础。

3.课程设置的逻辑性和连贯性

课程设置的逻辑性和连贯性在教学设计中具有至关重要的意义。通过确保知识点之间的逻辑性和连贯性，可以帮助学生建立起系统完整的认知框架，进而更好地理解历史事件和人物之间的内在联系和影响。在历史课程设置中，知识点的组织应当遵循历史发展的逻辑规律，即从早至晚、由浅入深地进行布局，使得学生能够按照历史事件发生的时间顺序或思想脉络逐步拓展认知，形成对历史的整体把握和认识。

逻辑性的设置可以使得课程内容相互衔接起来，呈现出一种连贯与自然的关联。这种逻辑性体现在教学设计的每个环节：教师在选取教材、安排课程内容时应严谨考虑历史事件之间的因果逻辑,确保学生跟随教学线索层层深入,在增进对历史事件本身的理解的同时领略历史进程中的复杂变迁和内在联系。此外,逻辑性的设置还有利于激发学生的好奇心和学习兴趣,培养他们对历史持续探索和思考的能力,促使他们形成批判性思维并提高其分析能力。

同时,连贯性也是课程设置中不可或缺的重要元素。通过保持知识点之间的连贯性,教学内容可以更加有机地串联起来,避免知识零散、孤立地呈现。这种连贯性可以体现在单元之间的衔接和延伸部分,连贯性的教学让学生在学习的过程中渐入佳境,领略历史脉络的延续与发展。同时,连贯的教学设置也有助于学生建立知识的框架和思维模式,促使他们形成完整鲜明的历史认知,避免只见树木不见森林的情形,培养学生综合分析问题的能力,提高历史思维的广度与深度。

(二)课程结构分析

1. 分类和板块划分

初中历史课程的结构划分的目的是帮助学生有条理地学习和理解历史知识,建立完整的历史认知体系。在进行分类和板块划分时,通常可以按时间段或主题内容进行区分,使得历史知识更具体、更系统。古代史板块主要包括古代文明、古代社会制度、古代战争等内容,让学生了解古代文明的辉煌和古代人类社会的发展。中世纪史板块着重介绍中世纪欧洲和其他地区的发展情况,包括封建社会、宗教改革等主题,帮助学生理解中世纪文明的特点和影响。近现代史板块则侧重于近代经济发展、科技进步、殖民扩张、世界大战等重大事件,让学生认识到现代世界的起源和发展路径。

除了按照时间段划分外,课程还可以按照主题或思想进行板块划分,例如政治制度、文化传承、社会变迁等。通过主题性的划分,可以使学生更深入地理解历史事件背后的原因和意义,引导他们对历史进行多角度思考的同时提高其综合分析能力。

此外，还可以根据历史事件的关联性和影响力来划分板块，确保不同知识点之间的有机衔接，构建起一个完整、连贯的历史体系。

分类和板块划分不仅有助于教师有序展开教学，也有利于帮助学生更系统地掌握历史知识，形成对历史发展规律的认知。通过清晰的分类和板块划分，学生可以逐步建立起对历史事件、人物和文明的认知框架，培养出对历史的兴趣和理解力，同时也可以帮助他们提升批判性思维和综合分析能力。因此，在初中历史课程设置中，科学合理地分类和板块划分是至关重要的，对促进学生历史素养的全面提升具有重要意义。

2. 结构组织和内容设置

设计初中历史课程的结构组织和内容设置应关注的核心目标是确保教学内容有机串联、逻辑清晰，旨在帮助学生建立起完整的历史认知框架。首先，合理组织各个知识点和章节至关重要。课程结构应该按照时间线或主题进行布局，使得历史事件和人物能够呈现出清晰的发展脉络，让学生能够更加系统地理解历史的演进及其产生的影响。通过深入挖掘各个章节的内涵和联系，帮助学生建立知识之间的联系、厘清脉络，形成一个有机的历史知识网络。

其次，在课程内容的设置上要注重深度和广度的平衡。深度指的是对每一个知识点和事件都应该进行较为详尽的探究和分析，让学生能够深入了解历史事件的背景、原因和影响。广度则强调课程内容的全面性和多样性，让学生从多个侧面去理解历史事件，领略历史文明的丰富多彩。在保证教学内容充实的同时，还需要避免碎片化的教学方式，确保教学内容之间有机衔接，让学生能够形成较为完整的历史认知体系。

有效的结构组织和内容设置不仅有助于教师有条理地开展教学，也有利于引导学生系统掌握历史知识、培养其批判性思维和分析能力。通过科学合理地组织课程结构和内容设置，学生可以逐步建立起对历史事件和文明的综合认知，形成对历史发展规律的深刻理解，从而促进其思维水平和综合素质的全面提升。因此，在设计初中历史课程时，应当注重结构的有机性与内容的丰富性，为学生历史素养的提升奠定坚实基础。

3.建立框架和脉络

在设计初中历史课程时，建立清晰明确的框架和脉络至关重要。这种框架和脉络不仅有助于学生更好地理解课程内容的组织结构和内在逻辑，同时也有助于他们奠定全面而扎实的历史基础。通过构建明晰的课程结构，可以帮助学生系统地了解历史事件的发展脉络，形成对历史知识的完整认知。

在建立课程框架时，可以按照时间顺序进行划分，将历史事件和人物安排在相应的时期，形成一个时间框架。这样的时间框架可以让学生清晰地了解历史事件的先后顺序和相互联系，帮助他们建立起时间观念和对历史发展的整体把握。同时，也可以根据主题内容或思想流派进行划分，使得不同板块之间有着合理的衔接和联系，让学生能够贯通全局，形成对历史发展的多维理解。

在搭建历史课程脉络时，应强调各个知识点之间的内在联系和逻辑延伸关系。每个章节或主题应该相互呼应、错落有致，让学生能够从一个知识点顺畅过渡到下一个知识点，形成一个连续统一的历史学习链条。这种脉络不仅是对历史知识的串联，也体现在教学方法和资源的整合上，让学生在历史学习过程中感受到课程的深度、广度和连贯性。同时，培养学生较为系统的历史思维和分析能力。

通过明确的框架和脉络，初中历史课程可以帮助学生建立起完整的历史认知和思考体系，促进其对历史事件的深入理解和综合分析。这种系统性的结构不仅有助于学生的成长和学习效果的提升，也可以为其未来的学术探索和人生发展奠定坚实的历史基础。因此，在教学实践中，应当重视框架和脉络的建构，使历史课程内容更具有内在逻辑和系统性，助力学生在历史领域中取得更高的学术和认知成就。

二、框架的设计原则与指导思想

（一）设计原则

1. 系统性原则

在设计初中历史课程的框架时，系统性原则是至关重要的。通过坚持系统性原则，教师可以确保教学各环节之间有机联系，形成一个完整、连贯的教学体系，有助于学生全面理解历史知识。一种常见的做法是将课程按照时间或主题划分为不同的模块，从而构建起一个清晰的教学框架。在这个框架中，每个模块都应该有明确的主题和目标，并在内容安排上保持内在的逻辑性和关联性。

按照时间划分模块，更利于学生理解历史事件的发展脉络和演变过程，从而获得对历史发展规律的深刻认识。这种时间线索的串联有助于学生建立起对历史事件先后顺序以及相互关联的印象，帮助他们形成全面的历史观念。按照主题划分模块，可以使重点领域得到更加详细和深入的研究，让学生对特定历史主题有更深层次的把握，促进其批判性思维和综合分析能力的培养。

在构建教学框架的同时，教师还需要确保各个模块之间有着明确的衔接和延伸关系。这种关联可以是在知识点上的交叉引用，也可以是在思维方式上的连贯性，让学生在学习历史知识时能够形成更加系统完备的认知结构。通过建立这样的系统性框架，不仅可以使学生全面理解历史知识，还可以培养其批判性思维和分析能力，为未来的学习与思考打下坚实基础。

2. 循序渐进原则

在设计初中历史课程的框架时，循序渐进原则是一项重要的指导原则。遵循循序渐进的课程设计原则，可以有效地引导学生从简单到复杂、从表层到深入地掌握历史知识与培养历史思维模式。这种渐进性的设置能够帮助学生逐步建立起坚实的历史基础，培养其分析与思考的能力，并提高其历史学习的效果和成就。

首先，在框架设计中，教师可以通过明确设定阶段性的学习目标来引导学生逐步实现知识的积累和能力的提升。从简单到复杂的过渡可以让学生逐步建立知识体系，确立对历史事件和概念的基本理解，为后续学习提供坚实的基础。随着学习的逐步深入，可以引入更加复杂和深刻的历史话题，以拓展学生的认知，促进其对历史事件背后深层次原因的思考。

其次，通过增加课程难度和复杂度，可以激发学生的学习动力和求知欲。循序渐进的设计不仅要在知识层面上逐步加深，也要在思维层面上逐步提升。教师可以通过设计越来越具挑战性的问题或任务，激发学生的思考热情，锻炼其批判性思维与解决问题的能力。逐渐提高课程的复杂度，有助于学生逐步提升自身的认知水平和学术素养，培养其对历史研究的兴趣和热情。

3. 因材施教原则

在设计初中历史课程的框架时，因材施教原则的重要性不言而喻。这一原则强调了考虑学生的个体特点和需求，并根据其不同的学习需求采用多样化的教学方式和手段，以实现个性化的教学目标。通过贯彻因材施教原则，教师可以更好地满足学生的差异化学习需求，激发他们的学习兴趣和学习主动性，提高课程的吸引力和学习效果。

在框架设计过程中，教师应该深入了解每位学生的学习特点、兴趣爱好和学习能力，以便有针对性地制定教学计划。通过多样化的教学方式和手段，如讲述、讨论、小组合作、实地考察等，以满足不同学生的学习偏好和需求，促进他们全面发展。提供丰富多彩的学习材料和资源，让学生有选择和探索的空间，从而激发其主动学习的动力和热情。

鼓励学生参与讨论和研究项目也是因材施教原则的具体体现。通过组织学生进行小组合作、展示作品或开展研究项目，可以培养学生的合作意识、表达能力和独立思考能力，使他们在实践中得到真正的成长和提高。同时，个性化评价学生的学习成果也是关键环节，可以根据每个学生的实际表现给予针对性的反馈和指导，帮助他们更好地发现自身的优势和不足，从而实现个性化学习目标。

考虑学生的特点和需求，采用多样化的教学方式和手段，个性化评价学生的学习成果，可以有效地激发学生的学习兴趣和主动性，提高他们的学习效果和参与度。这种个性化的教学方法将为学生的全面发展和自主学习能力的培养打下坚实基础。

4. 启发性原则

在初中历史课程的框架设计中，启发性原则是一项重要原则。通过具有启发性的教学设计，可以激励学生主动思考、探究和表达，从而培养其批判性思维和创新能力。采用提问、小组合作和问题解决等方式，教师可以引导学生从多个角度思考历史事件和历史人物，培养学生独立思考和分析问题的能力，进而拓宽他们的认知视野、发散他们的学术思维。

通过设定开放性问题，教师可以激发学生的好奇心和求知欲，引导他们在历史学习过程中主动探索、质疑和发现。开放性问题常常涉及历史事件的深层意义、影响及启示，这要求学生突破传统学习思维的禁锢，从不同的角度进行思考和分析。面对复杂情境和问题的挑战，学生可以逐渐培养出解决问题的能力和勇气，从而不断提升自身的思辨能力和学术素养。

教师在教学过程中还应利用问题解决和小组合作等方式，打破传统的教学模式，激发学生的团队合作精神和创造力。通过小组合作，学生能够互相启发，交流观点，共同解决问题，从而培养他们的合作和沟通能力。这种互动式的学习方式既能促进学生之间的合作共赢，也可以提高学生的学习效率，让历史知识更加生动且更具实践性。

（二）指导思想

1. 以学生为本

（1）框架设计的出发点

历史课程框架设计的出发点是学生的学习需求和全面发展。教师在进行框架设计时，应当深入了解学生的学习特点、兴趣爱好和认知水平，以此为基础根据不同年龄段学生的认知特点进行调整，确保历史学习更贴近学生的需求。了解学生的学习特点意味着教师需要关注学生的认知模式、学习风格和学科偏好，从而有针对性地设计教学活动和内容，激发学生的学习兴趣。通过了解学生的兴趣爱好，教师能够在历史课程中融入相关主题和故事，使学生在更易于接受和理解历史知识的同时激发他们的学习热情。此外，认知水平也是重要的考量因素，不同年龄段学生的认知发展水平不同，教师应根据这一特点调整课程内容和难度，以确保学生能够有效理解和吸收所学知识。

（2）引导学生主动参与学习

历史课程的教学应该注重引导学生主动参与学习，激发他们的学习兴趣，培养其思考能力。在历史学习中，教师可以通过提出问题、组织讨论、启发探究等方式，引导学生从多个角度去思考历史事件、历史人物和文化，从而深入理解历史知识。提出问题是一种有效的教学策略，可以激发学生的好奇心和求知欲，促使他们自觉地进行思考与探索。教师在历史课堂上还可以通过启发性的讲解和实例引导学生主动探究历史事件的原因和影响，培养他们的独立思考和批判性思维能力。组织讨论是促进学生交流和合作的重要手段，通过小组讨论或全班讨论的形式，学生可以分享自己的观点和看法，拓宽视野，发散思维，从而加深对历史内容的理解和记忆。

通过引导学生主动参与学习，历史课程可以不再仅仅是教师向学生灌输知识，而是真正成为学生主体认知、批判思考和情感体验的过程。这样的学习方式不仅能够增强学生的学习兴趣和主动性，还能培养其探究问题、分析问题和解决问题的能力。同时，引导学生主动参与历史学习也有助于提升他们的表达能力和团队合作能力，培养他们全面发展所需的综合素质。

2. 以发展为导向

（1）以学生全面发展为目标

将学生的全面发展作为历史课程框架设计的首要目标，这意味着不仅要关注学生学业水平的提升，还应着重培养他们的思想素质、道德品行和身心健康。在历史教学过程中，除了传授历史知识和技能外，更应注重智育、德育和体育等各方面的综合培养。通过历史课程，学生可以接触到丰富的人文知识和历史文化，从而提升其思想素质和人文情怀。历史教育也是培养学生道德品行的重要途径，通过深刻理解历史事件中的道德选择和影响，学生可以形成正确的价值观和行为准则，树立良好的道德品格。

（2）培养学生的综合素质和核心能力

培养学生的综合素质和核心能力是历史课程框架设计的重要目标。除了传授历史知识外，历史课程还应注重培养学生的批判性思维、跨学科能力以及解决问题的能力等。批判性思维是指分析、评价、推理和判断历史事件与资料的能力，批判性思维的培养有助于学生形成独立观点和见解。历史课程可以通过案例分析、辩证讨论等方式培养学生的批判性思维及辨析问题、提出观点的能力。跨学科能力也是培养学生综合素质的重要方面，历史作为一门涵盖多个学科内容的学科，可以帮助学生建立系统的思维模式，将历史知识与其他学科领域进行有机结合，开阔思维视野。解决问题的能力则是历史课程所培养的核心能力之一。历史知识的学习不仅在于记忆事实，更重要的是运用历史知识解决现实问题。通过设立问题并解决及学术探究等环节，历史课程可以激发学生的创新潜力，帮助他们灵活运用历史知识解决实际问题，促进其综合素质的发展。

3. 以实践为基础

（1）实践性历史学习

历史课程框架设计应着重强调历史学习的实践性，这一理念旨在通过实践活动和教学案例等形式，让学生深入了解历史知识，掌握历史思维和方法。实践性历史学习是一种重要的教学策略，将学生置身于实际历史情境中，可以帮助他们更加深入地理解历史事件、人物和文化背景，这种教学策略使得历史知识超越了抽象概念的范畴，与具体的实际情境结合，使学生产生更为深刻的体验和认识。通过参与实践活动，学生可以亲自体验历史事件的场景，观察、分析并解释相关历史现象，这有助于激发学生的学习热情和积极性，加深他们对历史知识的记忆和理解。

实践性学习在历史课程中的应用，旨在让学生通过自身的实践参与，主动探究历史事件的原因、影响和意义。通过实践活动，学生可以运用历史思维和方法解读历史事件，锻炼他们的批判性思维、逻辑推理和问题解决能力。教师可以设计类似考古发掘、历史文献分析、历史场景再现等活动，引导学生以具有实践性的方式探索历史知识，从而促进学生成为具有历史思维和方法的综合型学习者。

在历史课程中注重实践性学习的设计和实施，有助于激发学生的学习兴趣，提高他们的学习参与度和深度，在历史领域培养学生的探究精神、创新能力和综合运用能力。因此，历史教育者应当重视实践性学习在历史课堂中的运用，以促进学生全面发展。

（2）深化历史思维和方法

通过实践活动，学生不仅可以扎实掌握历史知识，还能够培养历史思维和方法，这对于他们综合发展和深入学习历史知识至关重要。在历史教育中，教师不能仅是传授知识，更应该引导学生深化历史思维模式、探索历史学习方法。为了加深学生对历史思维和学习方法的理解和运用能力，教师可以组织各类实践活动，如考古发掘、历史文献分析、历史场景再现等，让学生通过亲身体验，感受历史事件的真实性和复杂性。

通过考古发掘活动，学生可以了解历史研究中的发掘技术和方法，从而培养他们的观察、推理和分析能力。历史文献分析则可以让学生接触到各种历史文献资料，学会研读和解读历史文献，同时培养其历史思考和批判性分析的能力。而历史场景再现活动则可以让学生身临其境地感受历史事件的环境和背景，从而促进他们对历史事件的全面理解和综合分析。

第三章 初中历史学科标准与课程目标

第一节 初中历史学科标准

一、认识和理解

（一）理解历史的基本概念与发展变革

1. 学生能够明确历史、时代、变革等历史基本概念

在学习历史的过程中，学生应当对"历史"这一学科的定义有清晰的认识。历史不仅是对过去事件过程的记录和研究，更是对人类社会发展演变过程进行反思的工具。历史作为一门学科，致力于通过对过去事件的整理、解读和分析，揭示人类社会在不同时间和空间背景下的发展规律，给当代社会提供启示和借鉴。通过学习历史，学生能够深入了解人类社会的发展过程、文化发展和价值观演变，进而培养学生的批判性思维，拓宽其视野，使学生对历史及其意义形成深刻认识。

与历史密切相关的概念还包括"时代"和"变革"。时代是指某一特定时期的历史背景、社会风貌及其所处的整体环境。每个时代都具有独有的特征和精神内涵，反映了当时社会经济文化的发展程度和面貌，也承载着人们在特定时空中所面临的挑战和选择。理解时代的概念可以帮助学生更好地把握历史发展的脉络，认识不同时代的个性与共性，从而更好地把握历史发展的规律性和特殊性。

变革则指历史发展过程中发生的重大变化和转型，如社会制度、文化观念、科技进步等多方面的深刻调整与变化等。变革给整个社会结构和人类生活带来深远影响。历史上的重大变革往往标志着一个时代的结束和新时代的开始，是历史演进的关键节点。通过理解变革的概念，学生可以更好地认识不断推动历史发展的力量，以及变革对社会发展和个人生活的深远影响，促使他们更加珍惜当下的生活，积极应对未来的挑战。

2. 能够通过学习，了解各种历史时代背景下的变革和发展

通过学习历史事件和人物，学生有机会了解各种历史时代背景下的变革和发展。每个历史时代都承载着特定的社会、政治、经济和文化背景，呈现出其独有的特征和发展脉络。通过深入研究历史事件的起因、经过和结果，以及各时代涌现的重要历史人物，学生可以逐渐建立对变革和发展的认识。

各种历史时代背景下的变革和发展反映了人类社会的不断演变和进步。世界各地都经历过重大历史变革，如古代社会制度的形成、中世纪的封建制度的形成、近代工业化革命、当代信息科技革命等，这些变革深刻影响着人类社会的发展方向和进程。学习这些历史时代背景下的变革与发展，可以帮助学生理解历史潮流和规律，认识历史事件之间的内在联系，从而更好地把握历史发展的脉络和关键节点。

通过研究历史事件和人物，学生也能够探索并认识不同历史时代的独特性和发展趋势。了解古代文明的辉煌和衰退、近代国家建设的机遇和挑战、现代全球化背景下的文化交流和冲突等，有助于学生建立对不同时代背景下社会发展进程的整体认知，同时也能够培养学生的批判性思维和历史观察力。

（二）理解历史事件与人物

1. 学生能够分辨和理解重要历史事件、名人及其影响

在历史学习中，培养学生分辨和理解重要历史事件、名人及其影响的能力至关重要。学生需要具备分析和解读历史事件的能力。通过系统性的学习和细致的分析，深入了解事件发生的背景、经过以及对当时和后世的深远影响，更好地把握历史的发展脉络和演变规律，以及历史给当前社会发展带来的启示和影响。

在学习重要历史事件时，学生应当关注事件发生的背景、原因、经过以及该事件在历史长河中的作用。通过对历史事件的深入研究和分析，学生可以厘清事件背后的文化、政治、经济等方面的因素，从而丰富其历史知识、提高思考能力。同时，学生也应当认识到不同历史事件之间的联系，在历史发展的大潮中看清历史事件的意义和影响。

在了解重要历史名人时，学生需要了解他们的生平事迹、杰出成就以及对历史进程的影响。通过学习历史名人的人生经历和奋斗历程，学生可以获得启示和教训，感受历史人物伟大的精神力量，并为自己的成长和发展汲取力量。同时，学生也应当具备对历史名人进行客观评价和深入分析的能力，了解他们在历史长河中扮演的独特角色和影响。

2. 辨析历史事件对当今社会的影响

学生在学习历史的过程中不仅应当了解历史事件在当时的影响，同时也应当将历史与现实相联系。通过深入分析历史事件对当今社会的影响，学生可以更好地认识到历史对现实生活的影响，尊重和认识历史。历史事件并非孤立存在，而是横亘于时间长河，对当今社会的方方面面产生着深远的影响。

历史事件对当今社会的政治、经济和社会结构产生着重要的影响。许多历史事件的影响可能在当时并不显著，但在人类社会的长期演进过程中，对制度、法律、价值观等方面产生了深刻影响。例如，法国大革命对当今世界政治体系的发展产生了深远的影响，推动了很多国家民主道路的发展。因此，通过分析和理解历史事件带来的政治和制度变革，学生可以更好地把握当今社会的政治结构和制度模式。

历史事件对当今社会的文化传统、价值观和意识形态仍具有重要影响。

历史事件中所孕育的文化传统和价值观贯穿着社会的发展演变，并在当今社会中得以传承。例如，古代哲学思想对现代思想文化的启发，宗教信仰对当代社会价值观念的影响等。通过分析历史事件对文化传统和价值观的影响，学生可以更好地理解当今社会的多元文化背景，尊重多元文化，提高对不同文化的包容度。

历史事件对当代社会中个体和群体行为习惯、心理素质等方面也具有一定的影响。历史事件所激发的情感共鸣和历史记忆也会在当代社会中得到体现，影响着社会中个体和群体的行为模式和心理状态。通过深入分析历史事件对当代社会中个体和群体行为的影响，学生可以更好地认识到历史给当代社会带来的情感共鸣和情感传承，促使他们更加珍视历史遗产，吸取历史教训。

（三）理解历史文化

1. 学生能够了解历史文化传承与发展

在历史学习的过程中，学生应当了解历史文化的传承与发展，包括不同历史时期的文化特点、主要文化表现形式以及文化传统的延续与发展。历史文化是人类社会发展的重要组成部分，承载着丰富的精神遗产和文明积淀，对塑造社会风貌和精神风貌具有深远影响。通过认识和探究历史文化，学生可以更好地理解人类文明的多样性和丰富性，感知历史文化对当代社会的价值和意义。

不同历史时期的文化特点反映了不同时代的社会风貌和精神风貌。各个历史时期的文化均呈现出独有的特征和表现形式，如古代的宗教信仰、中世纪的封建文化、文艺复兴时期的人文主义等。这些文化特点从侧面展现了一个时代的精神内涵和社会生活方式，通过学习不同历史时期的文化特点，学生可以深入了解不同文化的渊源和演变，领悟人类文明发展的多元性和丰富性。

历史文化有着文学、艺术、音乐、建筑等多种表现形式，这些形式承载着历史时代的精神文化内涵，传承和展示着当时社会的审美观念和文化理念。通过学习历史文化的主要表现形式，学生可以感受到历史文化的魅力和内涵，了解各个时代的文化创造和成就，从而激发对历史文化的热爱。

文化传统的延续与发展是历史文化传承和发展的重要保障。文化传统是历史赋予我们的宝贵遗产，是前人留给后人的珍贵财富。在当今社会，文化传统的传承与发展依然具有重要意义，通过弘扬优秀传统文化，可以促进文化繁荣发展，还能够凝聚社会共识，传递文化价值。学生通过了解历史文化传统的传承与发展，可以更好地珍视历史文化遗产，弘扬中华优秀传统文化，为构建和谐社会、推动文明进步贡献力量。

2. 理解不同历史时期文化的特点与意义

学生应当深入理解不同历史时期文化的特点和意义，并认识到文化对历史发展的推动作用。历史时期的文化特点是指各个时代文化所展现的独特特征和主要面貌，这些文化特点不仅反映了社会的风貌，也深刻描绘了那些时代的精神面貌。每个历史时期都有其独特的文化特点和表现形式，这些丰富多样的文化现象不仅展现了各个时期的社会面貌和精神风貌，也反映了人类文明逐步发展与演变的轨迹。

不同历史时期的文化特点与当时的政治、经济、社会环境密切相关。例如，在古代，封建制度决定了信仰、礼制规范等文化特点；文艺复兴时期，人文主义思想的发展推动了人文艺术的繁荣；工业革命时期的科技进步和城市化进程催生了现代都市文化。通过研究和了解不同历史时期的文化特点，学生可以更好地理解时代背景下的文化表现和精神内涵，从而认识到历史发展具有多元性和复杂性的特点。

理解不同历史时期文化的特点对于学生来说具有重要意义。首先，它有助于学生理解人类文明的多样性和丰富性。不同历史时期的文化特点反映了人们对生活、美感和价值观念的不同诠释，同时，也体现了人类在不同时代和不同环境中创造力的发展。通过了解不同历史时期的文化特点,学生可以拓宽自己的文化视野,认识到世界上存在着多元而丰富的文化形态。

其次,理解不同历史时期文化的特点有助于培养学生对不同文化的包容性和理解力。不同文化之间往往存在差异和冲突,但也有相互影响和交融之处。通过研究不同历史时期的文化特点,学生可以更好地理解不同文化的背景和内涵,增进对其他文化的尊重和包容性。在当前日益多元化的社会中,包容性与理解力至关重要,它们不仅有助于人们建立和谐的人际关系,而且对推动文化多元共融发挥着关键作用。

最后,理解不同历史时期文化的特点能够深化学生对历史发展的认识和理解。历史文化是历史发展的一个重要组成部分,通过对历史文化的研究,学生可以更全面地了解各个历史时期的精神风貌和社会变迁。这样的认识将有助于学生深入理解历史事件的来龙去脉,把握历史发展的规律和各个历史事件的内在联系。

(四)理解历史现象与规律

1. 掌握历史发展的基本规律与主要历史现象

学生应当掌握历史发展的基本规律和主要历史现象,从而能够深入理解历史的演变过程及其产生的影响。历史发展的基本规律体现了人类社会历史发展的内在规律性,包括历史的周期性、连续性和变异性等。历史的周期性表现为某些特定事件或现象在一定时间周期内反复出现或呈现相似规律,如战争与和平的交替、政权更迭的循环等;历史的连续性,是指历史作为一个渐进的、由前向后的发展过程,后续时期承袭和延续前一时期积累的文化、制度等;历史的变异性则表明历史发展具有多样性和不确定性,各种因素在不同时期可能呈现出不同态势,产生新的历史结果。学生通过掌握这些基本规律,可以更好地把握历史演变的趋势和规律。

同时,学生还应当了解并归纳历史发展中的主要历史现象,这些现象包括战争、革命、文化交流等特征性事件。战争作为人类历史中重要的社会现象，经常是政治、经济、军事等多种因素交织的结果，对国家和社会产生深远影响；革命则代表着旧制度向新制度的根本性改变，常常伴随着社会结构的翻新与制度的革新；文化交流作为不同文明之间的沟通渠道，促进了文明的互鉴和发展，推动了世界文化的多元融合。了解这些主要历史现象，有助于学生更深入地认识历史的多样性和复杂性，为理解历史事件的成因和影响提供了更加全面的视角。

2. 能够归纳总结规律性问题

学生需要具备归纳总结规律性问题的能力，这一能力对于深入理解历史发展的内在规律和趋势具有重要意义。通过分析历史事件和现象的规律性，学生可以理解和把握历史发展规律，从而更好地厘清历史的发展脉络和演变趋势。

规律性问题在历史研究中具有重要意义，它强调历史事件或现象之间的因果关系、复现或变化的规律性特征。通过归纳总结历史事件和现象之间的规律，学生可以深入思考历史背后的逻辑和规律，理解历史发展中蕴含的普遍性和必然性。例如，通过总结不同时代战争爆发的原因和规律，可以揭示战争作为一种社会现象的根源和演变规律；通过总结革命运动的兴起和推移，可以理解社会制度转变的动力和方式；通过总结文化交流的影响和效应，可以探讨文明互鉴与文化传播的路径和结果。这样的归纳总结有助于学生抓住历史事件背后的本质规律，洞察历史发展的内在逻辑。

具备归纳总结规律性问题的能力可以让学生更全面、系统地认识和分析历史事件和现象，从中发现并总结历史发展的共性和规律。培养这种能力不仅有助于学生提高历史分析和解读的深度和广度，还可以开阔他们的思维和认知，引导他们形成批判性思维，培养他们的综合性分析能力。通过归纳总结历史发展规律，学生可以更好地理解历史的发展脉络和规律，把握历史事件之间的联系和演变趋势，为历史认知和人文素养的提升奠定坚实基础。

二、分析和评价

（一）分析历史事件成因

1. 学生具备分析历史事件形成原因的能力

学生在历史学习中应当具备分析历史事件形成原因的能力。这种能力不仅可以帮助他们深入理解历史事件的来龙去脉，还可以培养他们的批判性思维和全面性分析的能力。分析历史事件的成因需要学生综合考虑社会、经济、政治、文化等多方面的因素，并结合所学的历史知识和理论观点，以科学的方法和逻辑推理，深入探究历史事件发生的根本原因。

历史事件往往是复杂多样的，背后涉及众多因素的交互作用。对于学生而言，通过分析历史事件的成因，可以帮助他们探索历史事件的本质和规律，理解历史的连续性和发展脉络。比如，一场战争爆发的原因可能涉及国际政治格局、民族情绪、资源争夺等多个层面的因素；分析一场革命的起因可能需要考虑政治体制、经济发展不平衡、社会矛盾激化等多种动因。通过深入分析历史事件的成因，学生可以更好地理解历史事件发展的内在逻辑，领悟历史变迁的必然性和规律性。

分析历史事件的成因需要学生具备综合性思考和多视角分析的能力。他们不仅要运用历史学科的知识和方法，还要结合其他学科的理论和视角，如政治学、经济学、社会学等，全面地审视历史事件。同时，也要发挥批判性思维，对不同历史事件的成因进行比较分析，发现共性和差异性，从而形成更加准确和有说服力的分析结论。这种能力的培养有助于学生建立扎实的历史认知基础，提高历史分析和解读的水平，为他们未来的学术研究和社会实践奠定坚实基础。

2. 能够综合运用历史知识进行分析研究

学生在分析历史事件成因时，应当具备综合运用历史知识进行深入研究的能力。这种能力要求学生能够灵活应用所学的历史资料、理论和相关知识，以支撑自己的观点和分析，从而实现准确、系统地分析历史事件背后的成因和各个事件及成因的内在关联。通过了解历史事件发生的背景、过程和相互关系，学生可以为自己的分析研究提供充分的论证和依据，进一步挖掘历史事件的深层内涵。

综合运用历史知识进行分析研究要求学生具备广博的历史学科知识储备和较强的思维能力。学生不仅需要了解历史事件的表面现象，更要深入挖掘历史事件背后的根本原因和深层次意义。他们可以结合历史资料的研究，调查分析历史文献记载，参考历史事件的具体情境和时代背景，理解各种历史人物、机构和社会力量之间的相互作用。此外，学生还需综合运用相关历史理论，并将历史事件置于宏观的历史发展背景下进行综合性分析，以便准确把握历史事件发生的根本原因和长远影响。

通过综合运用历史知识进行分析研究，学生可以对历史事件有更深刻的理解和更全面的把握，激发学生对历史学科的兴趣和热情。这种能力的培养有助于学生形成扎实的历史思维和分析能力，提高他们的学术素养和综合能力，同时也加深他们对社会、政治和文化等方面的认知和理解。综合运用历史知识进行研究分析，能够拓宽学生的学术视野，促使他们在历史领域取得更加深入的成就。

（二）评价历史事件影响

1. 学生能够评价历史事件对当时与后世的影响

学生在历史学习中应当学会评价历史事件的影响，这对培养他们的历史思维和历史洞察力十分关键。他们需要通过系统地了解和分析历史事件对当时社会、国家、文化等方面的直接和间接影响，全面把握其对后世的影响和意义。

评价历史事件对当时社会、国家、文化等方面的影响，学生需要重点考察该事件对当时的政治、经济、社会结构、文化传承、制度变革等方面产生的改变和影响。例如，评价一场战争对当时国家政权的更迭、人民生活的改变、经济发展以及军事技术和战略思想创新的影响等；评价一场革命运动对当时社会制度的颠覆、社会阶级关系的改变，促使思想观念和文化认同的转变及正义和平等意识的觉醒等。通过深入了解和分析这些方面的变化，学生可以更深刻地理解历史事件在当时社会中所产生的巨大震动和影响，为分析后世社会现象提供参考。

同时，理解历史事件对后世的影响和意义，学生需要考察该事件引发的历史进程、社会变革、思想转变以及制度演进等方面的影响。历史事件往往具有深远的影响，它们会对后世的政治、经济、文化、科技等方面产生重要影响。比如，评价一次重大的思想革命对后世的思想启示和理论创新方面的影响，评价一次重大的政治变革对后世政治制度的影响和借鉴意义，评价一次重大的经济变革对后世经济体制和发展路径的影响。通过全面把握历史事件对后世的影响和意义，学生可以更好地认识历史进程中的发展规律，体察历史的渊源和对未来的指导。

评价历史事件对当时与后世的影响需要学生具备批判性思维和全面性分析的能力，以科学的方法和客观的态度对历史事件进行评估。他们应当引用历史资料、统计数据、学术研究成果等作为评价的依据，并结合相关历史理论和观点，运用比较研究和综合分析等方法深入探究。评价的结果应当全面、客观、有说服力，既注重历史事件对当时社会的影响，又着眼于历史事件对后世发展的启示和借鉴意义。

2. 形成正确的历史价值观念

学生在评价历史事件影响时，应当形成正确的历史价值观念。这是培养他们对历史事件客观公正评估能力的关键所在。形成正确的历史价值观念意味着学生应当具备理性和客观的态度，避免片面、主观和偏颇的评价。他们需要通过深入研究和分析历史事件，清醒认识历史事件的复杂性和多样性，从而形成对历史事件影响的全面评价。

首先，学生应当采用综合性分析的方法，以史实为依据，避免主观臆断和价值偏见的干扰，对历史事件进行客观全面的评估。他们应当结合历史背景、当时的社会环境、人文传统、利益冲突等因素，分析历史事件的起因、过程和结果，理解历史事件对不同群体、不同时期产生的影响。同时，学生还应当关注不同群体、不同时期、不同地区对历史事件的看法和评价，尊重多元视角和不同立场，避免片面追求完美或将历史事件过分定性。

其次，学生应当注重总结历史事件的经验教训，理性看待其积极和消极影响。历史事件往往是复杂多样的，既包含进步和创新，也包含阻碍和挑战。学生应当通过对历史事件的深入研究和分析，总结出其中的历史规律和价值启示，以此为基础评估历史事件的积极影响和潜在问题。这种评估应当客观公正，充分考虑历史事件在不同时期、不同社会背景下的特殊性和时代性。

最后，学生应当持有批判性思维和开放心态，保持对历史事件的独立判断。他们应当从多个角度思考历史事件的影响，包括政治、经济、社会、文化等多个角度，发掘历史事件背后的深层意义和长远影响。这种思维方式可以帮助学生构建辩证、全面和客观的历史认知，培养对历史事件的分析解读能力，形成独立、理性的历史价值观念。

（三）探究历史背后逻辑

1. 学生能够挖掘历史事件背后的逻辑

学生在历史学习中应当具备挖掘历史事件背后逻辑的能力。这种能力要求学生通过全面了解历史事件的背景、原因和结果，深入理解各个历史事件之间的内在联系和发展规律。通过批判性思考和分析，揭示历史事件背后的逻辑和因果关系。

挖掘历史事件背后逻辑的过程需要学生综合运用历史知识和理论来理解

历史事件的来龙去脉和演变过程。首先，学生需要研究和分析历史事件的背景和条件，包括当时的社会、政治、经济、文化等方面，以及与其他历史事件的关系。其次，他们需要考察历史事件发展的动力和推动因素，如社会矛盾、经济需求、意识形态等。然后，学生应当研究历史事件的过程和结果，以了解事件发展的轨迹和影响。最后，通过对历史文献记载、学术研究成果和不同观点的比较分析，学生可以系统地认识历史事件背后的逻辑和因果关系。

学生在挖掘历史事件背后逻辑的过程中应当运用批判性思维和分析能力，避免以主观的态度来解释历史事件。他们应当尊重历史事件本身的复杂性和多样性，不断追问和探究历史事件发生的真正原因和深层逻辑。同时，学生需要考虑不同历史事件的特殊性和时代性，避免以偏概全。只有通过深入挖掘历史事件背后的逻辑，学生才能更好地理解历史事件的内在联系和发展规律，在历史学习过程中做出准确和有说服力的分析。

挖掘历史事件背后逻辑对学生的历史学习和思维能力发展至关重要。它可以帮助学生更好地理解历史事件的演变过程和影响，培养批判性思维和分析能力，形成系统化和科学化的历史认知。同时，通过挖掘历史事件背后的逻辑，学生也能够应用历史知识和相应思维方式来分析和解释其他领域的现象，为自身的学术研究和社会实践提供有力支持。

2. 厘清事件间的联系与发展规律

通过深入探究历史事件背后的逻辑，学生应该具备厘清事件间的联系和事件发展规律的能力。这种能力要求他们分析历史事件之间的联系，各个历史事件的演变和影响，从中总结出一些普适的规律和规律性问题，帮助学生更好地理解历史的发展和演变过程，提高历史认知水平。

首先，学生需要考察历史事件之间的因果关系和相互关联，从宏观和微观两个层面来理解事件间的联系。他们应当研究不同历史事件之间的共性和个性，分析事件间如何相互影响，如何在特定背景下相互作用。通过比较研究和综合分析不同历史事件的相似之处和不同之处，学生可以揭示出事件之间的内在联系，发现规律性问题。其次，学生应该关注历史事件的演变过程和发展规律，探究历史事件如何在特定条件下产生、发展和终结。他们需要研究历史事件的发展动力、阶段性发展和趋势性变化，以揭示整个历史进程中的普遍规律和特殊问题。

在厘清事件间的联系和发展规律过程中，学生应该明晰历史的多样性和复杂性，运用跨学科的知识和研究方法进行分析。他们需要考虑历史事件在政治、经济、文化、社会等多个领域之间的联系，探究促进事件演变的因素。同时，学生应该抓住历史事件的核心问题和关键节点，从整体和局部两个角度去思考事件发展的规律性和必然性。只有通过这样全面和系统的探究，学生才能真正厘清事件间的联系，发掘发展规律，达到更高层次的历史认知水平。

厘清事件间的联系、发掘发展规律的能力对于学生的历史学习和思维能力发展至关重要。它可以帮助学生掌握历史发展的脉络、探寻历史事件的演变规律，提高历史理解和分析的准确性和深度，培养学生对历史问题的批判性思考和综合分析能力。同时，通过探究历史事件背后的联系和规律，学生还能够拓宽其对其他领域的认知视野，为未来学术研究和实践探索提供新的思路和方法。

（四）思辨历史问题

1. 学生能够自主思辨历史问题

在历史学习中，学生应当培养自主思辨历史问题的能力。这种能力要求学生通过独立思考和分析，针对历史事件、人物、文化等方面提出问题，并追求合理、全面的解答。通过思辨历史问题，学生可以深入理解历史事件的背景、原因和影响，培养批判性思维和学术探究能力。

首先，学生应该具备自主提问和思考的能力，能够对历史领域的复杂问题进行深入挖掘。他们可以从历史事件的背景、原因、结果等多个角度出发，提出具有启发性和深度的问题，并通过独立思考寻找相关证据和信息来解答。这种自主提问的过程可以激发学生的好奇心和求知欲，激发其对历史问题的兴趣和热情。其次，学生需要具备整合和分析信息的能力，能够将各种相关资料和观点进行梳理和比较，形成自己的观点和结论。在这个过程中，学生需要运用批判性思维，对历史问题进行深入思考和评估，以便形成更加客观和准确的结论。最后，学生应当具备阐释历史问题的能力，能够清晰地陈述自己对历史事件的理解和解读并描述自己的观点和逻辑。通过书写论文、演讲展示等方式，学生可以加深自己对历史问题的理解，同时也可以提高自己的表达能力和学术水平。

在自主思辨历史问题的过程中，学生应该坚持客观、全面和系统的原则，避免形成片面性的观点或盲从。他们需要关注历史问题的多维度和多层次，从而提出更为深刻和全面的问题并进行思考。同时，学生应该尊重历史的复杂性和多样性，保持谦逊和审慎态度，不断反思和修正自己的观点和结论。只有通过持续地学习和思考，学生才能不断提升自己的历史思维水平和学术能力，成为具有独立研究和创新能力的历史学者和研究者。

2. 提出合理见解与分析，形成独立思考与判断能力

在思辨历史问题的过程中，学生需要具备分析和提出合理见解的能力，培养独立思考和判断的能力。这种能力要求学生依据所学的历史知识和分析技巧，运用各种证据和观点，客观公正地对历史问题进行评估和分析，最终形成独立的观点和判断。这样的能力不仅可以帮助学生培养批判性思维和学术素养，同时也能提高学生历史思维的深度和广度。

首先，在思辨历史问题时，学生需要借助所学的历史知识和研究方法，从多个角度分析和解读历史事件。他们可以依据历史背景、时代氛围、社会语境等方面的信息，提出合理的见解和分析。通过深入研究历史文献、学术著作以及相关资料，学生可以构建起对历史问题的理解框架，从而确保提出

的观点和分析具有学术价值和可信度。其次，学生需要运用批判性思维和逻辑推理能力，对历史事件中的因果关系和影响进行深入剖析。他们应当对不同观点和证据进行比较和评估，以形成全面的分析结论。通过审视历史事件的多面性和多维度，学生可以更好地把握历史问题的复杂性和多样性，进而形成自己的见解和判断。最后，学生需要具备表达和论证的能力，深入阐释并论证自己的观点和结论。他们可以通过撰写论文、参与讨论、展开辩论等方式，体现其在历史领域的思考和判断能力。

在形成独立思考和判断的能力的过程中，学生应该坚持客观、全面和系统的原则，避免片面性和主观性观点的干扰。他们需要对历史事件进行深入挖掘，从事实和数据层面升华到理论和观点层面，进行综合性分析和评估。只有注重证据和逻辑，学生才能确保自己的观点和判断客观真实。通过不断实践和修正，学生将逐渐培养起独立思考和判断的能力，成为具有分析洞察力和学术见识的学者和历史思想家。

三、情感态度价值

（一）培养历史兴趣

1. 激发学生对历史的兴趣与热爱

学校在激发学生对历史的兴趣与热爱方面扮演着至关重要的角色。通过丰富多样的历史教学手段和资源，学校可以有效地引导学生主动参与历史学习，并激发他们对历史的浓厚兴趣和热情。为实现这一目标，学校可以采取一系列措施，包括开展生动有趣的历史故事讲座、实地考察、历史文化展览等方式，给学生更好的历史学习体验。

首先，通过讲述生动有趣的历史故事，学校可以吸引学生的注意力，使他们对历史事件和人物产生浓厚兴趣。历史故事可以激发学生的想象力和探究欲望，帮助他们更好地理解历史事件的背景和内涵。教师可以运用多媒体技术，采取角色扮演等方法，将历史故事生动形象地呈现给学生，从而引导他们走进历史的世界，激发学生对历史的好奇心和热爱。

其次，通过组织实地考察活动，学校可以让学生亲身感受历史文化的魅力，增强学生对历史的亲近感。实地考察可以让学生接触到真实的历史古迹和文物，深入了解历史事件发生的地点和背景。学校可以组织学生到博物馆、古迹、文化遗址等地进行参观学习，让学生通过亲身体验和感受来认识和理解历史，从而激发他们对历史的浓厚兴趣。

最后，学校还可以通过举办历史文化展览，展示历史文物、文件和图片等，让学生近距离接触历史资料和文化古迹。历史文化展览可以给学生提供视觉和审美享受，帮助他们更好地了解历史的发展过程和文化内涵。通过展览的方式，学校可以打破传统的历史教学模式，让学生在轻松愉悦的氛围中感受历史的魅力，从而培养他们对历史的热爱和兴趣。

2. 培养学生正确认识历史的态度

学校在培养学生正确认识历史的态度方面扮演着至关重要的角色。通过引导学生建立正确的历史观念和态度，学校可以帮助他们客观地了解历史事件、人物及其背景，避免产生片面和主观的认识。通过深入、客观的历史研究，学校可以培养学生对历史的正确认识，引导学生尊重历史。

首先，学校可以通过教育引导，传授历史学科知识，并注重培养学生客观、理性的历史观念。历史并非单一事实的堆砌，而是需要通过系统分析和综合研究来理解。学校应当鼓励学生在探索历史时，保持开放的思维和批判性的态度，不被片面或误导性的历史观念所左右。教师在历史教学中应引导学生探究历史事件背后的深层意义，帮助他们形成全面、客观的历史认知。

其次，学校可以通过讨论和辩论等活动，引导学生积极参与历史话题的讨论，尊重不同的观点，培养学生的多元思维和文化包容态度。历史是一个复杂的学科，有时会存在多种解释方法和具有争议性的观点。学校应该鼓励学生在探讨历史问题时，尊重不同的声音，并能够理性辨别，去伪存真，形成独立、全面的历史态度和见解。

最后，学校也可以通过开展历史研究项目或者参与历史文化活动，让学生亲身体验历史研究的过程，感受历史的魅力。通过实践的方式，学生可以更加深入地了解历史事件和背景，加深对历史的认识和尊重程度。学校可以组织学生参与历史文化遗产保护、编纂史料、田野调查等实践活动，让学生从实践中汲取历史知识，形成正确认识历史的态度。

（二）尊重多元文化

1. 培养学生尊重历史多元化、文化差异化

学校在培养学生尊重历史多元化、文化差异化方面扮演着至关重要的角色。通过多元文化教育，学校应当努力引导学生尊重不同历史时期和不同文化背景下的多样性和差异性，使他们能够深入了解并尊重其他国家和地区的历史文化传统，从而培养学生的文化包容意识和开放意识。

第一，多元文化教育的目标在于让学生认识到世界是一个多元、多样的文化宝库，不同的历史时期和文化背景塑造了各种独特的价值观和传统。学校可以通过开设跨文化课程、举办文化展览和讲座等活动，让学生深入了解多元文化的内涵，明白每种文化都有其独特的贡献和意义。这样的教育有助于拓宽学生的视野，增强其对不同文化的理解和尊重。

第二，为了培养学生的文化包容意识和开放意识，学校可以鼓励学生参与跨文化交流项目和国际文化合作活动。通过与其他国家和地区的学生交流互动，学生可以更好地感受到不同文化带来的新鲜体验和启发。这种交流不仅有助于学生拓展人际关系，还能激发他们对历史及多元文化的兴趣，培养出具有包容性和开放性的文化态度。

第三，学校也可以通过推广多语言学习和传统文化传承活动，加强学生对历史多元文化的认知和尊重。学习其他语言不仅有助于学生更好地理解其他文化，还培养了他们的语言沟通能力和跨文化交流技巧。同时，参与传统文化传承活动可以让学生亲身体验和传承历史文化，弘扬民族传统，增强文化自豪感，同时尊重并包容其他文化。

2. 培养学生的文化包容意识与开放意识

学校在培养学生的文化包容意识与开放意识方面扮演着至关重要的角色。通过组织各种跨文化交流活动，学校能够为学生创造一个多元、开放的学习环境，从而培养学生的文化包容意识和开放意识。

其一，跨文化交流活动可以为学生提供与不同文化背景的人交流的机会。通过与来自不同国家、不同民族的同学交流互动，学生可以更深入地了解不同文化的特点、价值观和传统习俗。这种互动不仅可以拓宽学生的文化视野，还能够增进他们对世界文化的尊重和理解。

其二，跨文化交流活动有助于培养学生的多元文化意识。在参与跨文化交流的过程中，学生会逐渐意识到世界上存在着各种各样的文化，每种文化都有其独特之处。通过对话、比较和交流，学生可以更好地理解和接纳不同文化之间的差异，形成尊重和包容不同文化的意识。

其三，跨文化交流活动还能够促进学生的自我认知和成长。通过与不同文化背景的人交流，学生会反思自己的文化身份和立场，思考自己在跨文化交流中的角色和责任。这种自我反思有助于学生树立开放、包容的心态，增强他们的人文素养和跨文化沟通能力。

（三）勇于探索与创新

1. 鼓励学生积极探索历史问题

学校在教育中有着重要的使命，不仅要传授知识，更要激发学生的思维和求知欲。在历史教育中，鼓励学生积极探索历史问题至关重要。学校应当通过各种形式如研讨会、研究项目等，引导学生主动深入研究历史问题，探索历史事件背后的深层原因和逻辑。这种积极的研究态度不仅能够加深学生对历史事件的理解，更能够培养他们的批判性思维和分析能力。如前所说，历史并非简单的事实堆砌，而是需要通过深入的研究和分析来理解其内在的逻辑和影响。通过学生的积极探索，他们可以更好地理解历史事件之间的因果关系，以及历史事件背后的社会、经济、文化等方面的影响因素。

鼓励学生积极探索历史问题也有助于激发他们的学习兴趣和学习动力。历史作为一门学科，其广阔的研究领域和丰富的内容常常能够引发学生的好奇心。通过引导学生自主选择研究课题，并提供必要的支持和指导，可以让学生在研究历史问题的过程中体验到学习的乐趣和成就感。这种主动参与的学习方式不仅有助于提高学生的学术水平，更能够培养他们的自主学习能力和解决问题的能力。在历史研究项目中，学生需要深入挖掘资料、分析证据、提出假设，并通过逻辑推理和论证来支持自己的观点，这样的过程既能够提高他们的学术素养，也能够培养他们的批判性思维和创新能力。

鼓励学生积极探索历史问题还可以促进学生之间的合作与交流。在历史研究项目中，学生往往需要与同学合作，共同讨论、研究，最终解决问题。通过与他人的合作，学生可以相互启发、相互学习，不仅能够拓展自己的视野，还培养了团队合作精神和沟通能力。这种合作与交流的过程不仅能够促进学生之间的情感交流与友谊，更能够提高他们的学术水平和解决问题的能力。

2. 鼓励学生勇于创新思考

学校在历史教育中应当着重鼓励学生勇于创新思考。历史并非一成不变的故事，而是一个充满变化和多样性的领域，需要不断地进行思考和探索。因此，学校应当为学生提供一个自由开放的学术环境，鼓励他们在历史研究中勇于提出新颖独特的见解和观点，挖掘历史研究的潜力和可能性。

鼓励学生在历史研究中乐于思考、勇于创新有助于培养他们的学术探究精神和思维能力。历史研究不仅要求学生对已有知识进行理解和传递，更重要的是学生要能够在此基础上进行深入的思考和分析，提出自己的见解和观点。通过引导学生进行创新性历史研究，学校可以激发他们的思维活力，培养他们的批判性思维和分析能力。学生在进行历史研究的过程中，需要不断地提出问题、寻找答案，并通过逻辑推理和论证来支持自己的观点，这样的过程既能够提高他们的学术水平，也能够培养他们的创新意识和解决问题的能力。

鼓励学生在历史研究中乐于思考、勇于创新，还有助于拓宽历史研究的视野和领域。传统的历史研究往往局限于某一特定的时期、地区或主题，而学生的创新思维可以为历史研究带来新的视角和思路。引导学生挖掘历史研究的潜力和可能性，可以促进历史研究的多样化和综合化发展，丰富历史研究的内容和方法，为历史学科的发展注入新的活力和动力。

（四）培养历史责任感

1. 引导学生树立正确的历史责任感和文明情感

学校在历史教育中的重要使命之一是引导学生树立正确的历史责任感和文明情感。历史不仅仅是对过去的记忆，更会对当今社会和未来产生影响。因此，学校应该通过历史教育，让学生正确认识历史责任感和文明情感，认识到自己在历史发展中的责任和使命，培养其对历史的尊重和珍视。

首先，学校可以通过历史教育引导学生正确认识历史责任感。历史是人类社会发展的长河，每一个时代都在历史的舞台上扮演着不同的角色。学生需要意识到，历史上的每一个事件和决策都会对现代社会产生影响，甚至影响到未来。因此，作为当代年轻人，他们有责任对历史负起责任，理解历史事件的背后逻辑和影响，并做出自己的贡献。

其次，学校还应该培养学生的文明情感。文明情感是指对人类文明的尊重、珍视和传承。通过历史教育，学生可以了解不同文明的发展轨迹和对现代社会的贡献，体会到人类文明的多样性和丰富性。同时，他们也应该认识到历史上的文明冲突和文化交流对当今世界的影响，从而理解文明的多样性，尊重不同文化之间的差异，倡导求同存异、文明互鉴。

通过引导学生树立正确的历史责任感和文明情感，学校不但要加深学生对历史的理解，更要培养他们的社会责任感和国际视野。在了解历史的过程中，学生不仅可以增强对历史事件的认知，更能够从中汲取智慧，指导自己的行为，为建设和谐社会、推动人类文明进步贡献自己的力量。

2. 引导学生关注历史现实问题

学校在教育中有着重要的使命，不仅要传授学科知识，更要培养学生的社会责任感和担当精神。为了促进学生的全面发展，学校应当引导他们关注当下社会中存在的历史问题，并积极参与社会实践和公益活动。通过这样的实践，学生不仅可以更好地认识历史与现实的联系，还能够培养自己的社会责任感和担当精神。

关注历史现实问题是培养学生社会责任感的重要途径之一。历史问题往往与当下社会的发展和变革密切相关，例如种族歧视、环境污染、战争等问题往往都有着深刻的历史渊源。通过了解这些历史问题，学生可以更好地认识到历史对当前社会的影响，进而意识到自己作为当代人所应承担的社会责任。通过积极参与社会实践和公益活动，学生可以为解决这些问题贡献自己的力量，体现出自己的社会责任感。

关注历史现实问题还有助于促进学生的全面发展。现实问题往往是复杂多样的，需要综合运用各种知识和技能来解决。通过参与相关的社会实践和公益活动，学生不仅可以将课堂上学到的知识应用到实践中，还能够培养解决问题的能力、团队合作精神和创新意识。这些都是促进学生全面发展的重要因素，有助于他们在未来的学习和工作中应对各种挑战。

第二节　初中历史课程目标

一、《义务教育历史课程标准（2022年版）》的课程目标解读

2022年4月，教育部颁布的《义务教育历史课程标准（2022年版）》在历史学科中引入了"核心素养"这一概念，成功地整合了2011年《课程标准》中的"知识与能力""过程与方法"以及"情感、态度、价值观"。整合的目的是更好地满足学生特定的现实需求，全面培养他们的综合素质和相关能力。在历史学科的核心素养方面，该课程目标明确表示，通过课程学习逐步形成的正确价值观、必备品格和关键能力是课程育人价值的集中体现。通过培育核心素养，实现了立德树人的根本任务。

（一）初中生应该初步学会在唯物史观的指导下看待历史

首先，学生需要认识到劳动在人类社会发展中的重要作用，明白物质生产是人类生存和社会发展的基础。他们应该了解到人民群众是物质生产的主要承担者和历史的创造者，从而尊重和重视劳动。

其次，学生需要了解生产力的发展对社会历史的影响，认识到生产力和生产关系的矛盾运动、经济基础和上层建筑的矛盾运动是社会历史发展的根本动力。建立对社会结构和发展机制的基本认知，能够促使学生理解历史变迁的深层次原因。

第三，学生应该认识到在阶级社会中存在着阶级矛盾和阶级斗争，而阶级斗争是推动历史发展的直接动力。这需要对社会中存在的不同利益群体及其相互关系有一定的了解，要培养学生对社会结构和权力运行的敏感性。

第四，学生需要初步了解人类社会形态从低级到高级的发展趋势，即历

史的阶段性演进。学生要对不同历史时期的特点和发展方向有一个初步的了解，在历史学习中建立起整体性的认知框架。

通过以上认知，学生能够将唯物史观运用于历史学习，结合史实进行阐述和说明。这不仅有助于培养学生对历史事件的理解能力，同时也为他们形成科学的历史观奠定了基础。

（二）初中生要学习在具体的时空背景下考察历史

首先，学生需要了解历史发展的时间顺序和空间要素。这包括对历史事件、人物和现象的发生顺序有清晰的认识，以及对历史时期有基本的了解。他们应该能够根据所学知识构建起一个相对完整的历史时间框架，并能够区分不同历史时期。

其次，学生应该初步掌握计算历史时间的方法和识别历史地图的技能。这包括能够使用不同的时间单位，如年代、世纪等，来描述历史事件的发生时间；同时，他们还应该能够通过学习历史地图，识别不同历史时期的地理变迁，了解不同地区在历史进程中的演变。

第三，学生需要在历史叙述中灵活运用时间和地理空间信息。这意味着他们能够将事件、人物、现象等置于历史发展的特定或总体进程中进行考察，并结合具体的地理空间情境进行分析。通过这样的方法，学生能够更全面地认识到历史中各个要素之间的相互关系和影响。

第四，学生需要从历史发展的角度认识事件、人物、现象等在时间和空间中的地位和作用。这要求他们具备对历史过程的分析能力，能够理解事物在不同历史时期和地理空间中的演变及其影响，形成更为系统和深入的历史认知。

通过培养这些能力，学生能够更好地理解历史，将所学知识有机地融入时间和空间的背景之中，提升对历史事件和过程的整体把握和深刻理解。

（三）初中生在历史学习中应该初步学会依靠可信史料了解和认识历史

首先，学生需要了解史料的主要类型，包括文献、考古、图片、口述历史等多种史料形式。学生应该对这些史料的特点和使用方法有一定的认识，以便更全面地获取历史信息。

其次，学生应该初步学会从多种渠道获取历史信息，提高对史料的识读能力。学生应具备通过教科书、历史文献、互联网等多种途径获取历史信息的能力，并能够对这些信息进行初步筛选和评估。

第三，学生需要能够尝试运用史料说明历史问题，学会根据可信史料对历史进行论述。这要求学生能够在历史研究中运用史料，通过引用史料来支持自己对历史事件或问题的观点，培养他们的历史写作和表达能力。

第四，学生应该初步形成重证据的意识，具备处理历史信息的能力。这意味着学生在历史研究中应该注重可信史料的使用，避免主观臆断，通过对多个可靠来源的信息进行比较和验证，形成更为全面、准确的历史认知。

通过培养上述能力，学生能够更好地利用史料获取历史信息，提高历史分析和论述的水平，同时培养对历史信息的辨别和评估能力，初步形成对历史问题客观理性的认知。

（四）初中生在历史学习中应该初步学会有理有据地表达自己对历史的看法

首先，学生需要初步区分历史叙述中的史实与解释。这要求他们在阅读历史资料时能够辨别史实陈述和解释性评论，理解历史叙述中客观描述与观点陈述的区别。

其次，学生应该能够客观叙述和分析历史，有理有据地表达自己的看法。这包括培养学生对历史事件的客观认知和分析能力，及通过引用史料等具体证据来支持自己的观点，提高历史论述说服力的能力。

第三，学生在理解和辨析相关史料的基础上，应尝试发现和提出新的问题，加以论证，形成自己的历史认识。这要求他们在研究历史时能够主动思考，不仅能够对已有的历史问题进行分析，还能够提出新的问题，并通过合理的论证进行分析。

通过对上述能力的培养，学生能够更好地表达自己对历史事件和问题的看法，同时具备了从事独立历史研究和思考的基础能力。这有助于培养学生的批判性思维和历史素养，使其在历史学习中更加深入。

（五）培养具有家国情怀的历史学习者

在对初中生进行历史教育的过程中，着眼于学生全面发展，特别是在塑造他们对国家、文化和世界的认知方面，有一系列的目标和重点培养方向。

首先，学生需要从历史的角度认识中国国情，理解中华民族多元一体的历史发展趋势，增强热爱家乡、热爱祖国的情感，铸牢中华民族共同体意识。通过深入了解中国历史，学生可以更好地把握国家的根本情况和发展历程，形成中华民族共同体的认知。这不仅包括对政治、经济、文化等多个方面的了解，还包括对中华传统文化、历史变迁中的团结与融合等方面的认知。

其次，学生应该了解并认同社会主义先进文化、革命文化、中华优秀传统文化，认识中华文明的历史价值和现实意义。通过学习这些文化，学生能够培养文化认同感，增强对社会主义核心价值观的理解和认同。这有助于培养学生的民族自尊心、自信心和自豪感，使其在国际舞台上更有底气。

第三，学生需要了解中国历史上的英雄人物，崇尚英雄气概，传承民族气节。通过学习英雄事迹，学生能够汲取先辈的奋斗精神，树立正确的价值观。这能培养学生的责任感和担当精神，使他们在面对困难和挑战时坚定不移，积极向上。

此外，学生还应践行社会主义核心价值观，深刻理解习近平新时代中国特色社会主义思想的核心要义，树立中国特色社会主义道路自信、理论自信、制度自信、文化自信。通过深入理解和实践社会主义核心价值观，学生可以在日常生活中树立为人民服务、为社会贡献力量的信念。

学生需要了解人类文化的多样性，理解和尊重世界各国、各民族的文化传统，以及认识中国历史与世界历史相互关联性。这有助于培养学生开放、包容的国际视野，使其能够更好地在全球化时代背景下理解和参与国际事务。

同时，学生还需要了解中华文明对世界文明进步做出的突出贡献，体现立足中国、面向世界的视野和胸怀。通过深入了解中华文明在文学、哲学、科技等方面的卓越成就，学生能够更好地体会到中国在世界历史舞台上的独特贡献，进而形成对中华文明的自豪感。

最后，学生应逐步确立积极进取的人生态度，形成健全的人格，具有为家乡、国家和世界发展贡献力量的远大理想和责任担当。这需要在历史学习中，培养学生独立思考能力和创新精神，引导他们树立正确的人生观和价值观，让他们在未来的生活中能够充分发挥自己的潜能，为社会进步和人类发展做出积极的贡献。

总体而言，通过对以上内容的学习和培养，初中生将形成对国家和中华民族的认同感，具有开放包容的国际视野，同时具备积极进取的人生态度和为社会、国家发展贡献力量的远大理想和责任担当。这既有助于学生全面发展，也为其未来的人生奠定坚实的基础。

二、认识古今历史

（一）掌握古代史基本知识

1. 使学生掌握并理解中国古代史概况

中国古代历史是中华民族漫长发展历程的精华和根基，对于学生来说，系统地学习中国古代历史概况至关重要。学生应当全面掌握各个朝代政治、经济、文化等方面的特点，理解历史发展的脉络和规律。

学生应该了解中国古代历史的起源和发展。夏、商、周三代是中国古代历史的开端，这一时期的政治制度、社会风貌、文化传统对后世产生了深远影响。学生需要了解这些时期的政治制度、经济结构、社会制度以及人文精神，从而理解中国古代历史发展的起源和基础。

学生应当掌握各个朝代的兴衰变迁。秦汉时期的统一、唐宋时期的繁荣、明清时期的封建专制等都是中国古代历史的重要组成部分，对中国历史和文化的发展产生了深远影响。学生需要了解每个朝代的政治格局、社会状况、经济繁荣以及文化成就，从而全面把握中国古代历史的发展脉络。

学生还应当理解历史发展的脉络和规律。中国古代历史虽然充满了变革和起伏，但也有其内在发展规律。例如，政治制度的更迭、社会结构的变化、经济发展的起伏等都是历史发展的重要规律，学生需要通过学习历史案例和历史理论，深入理解这些规律，并运用到实际的历史分析中去。

2. 形成对中国历史的整体把握

在学习中国古代史的过程中，学生需要形成对中国历史的整体把握，这包括了解不同朝代间的联系与转折，理解历史事件之间的因果关系，培养其对中国历史演进过程的综合认知。通过深入学习古代史，学生能够更好地把握历史脉络，理解中华民族的发展历程和文明传承。

首先，学生需要了解不同朝代间的联系与转折。中国历史上的不同朝代虽然在政治、经济、文化等方面有着明显的差异，但它们之间也存在着紧密的联系和影响。例如，汉代的统一开启了中国历史的统一时期，唐代的繁荣则是在前代基础上的延续与发展。同时，不同朝代之间也经历了许多转折和变革，如秦朝的统一与灭亡、唐朝的兴盛衰落等，这些转折不仅影响了中国历史的走向，也对后世产生了深远的影响。

其次，学生需要理解历史事件之间的因果关系。中国历史上的每一个重大事件都有其背后的深层次原因和逻辑，而这些原因和逻辑往往与历史的发展规律密切相关。例如，秦始皇统一中国、汉武帝文治武功、唐玄宗开元盛世等事件都是在特定的历史背景下发生的，他们的成败与中国历史的整体走向密切相关。学生需要通过深入研究历史事件，分析其背后的原因和影响，从而理解中国历史的发展规律和演变过程。

最后，学生需要培养对中国历史演进过程的综合认知。中国历史是一个绵延不断的过程，涵盖了数千年的时间跨度和丰富多彩的内容。学生需要将所学的知识进行系统整合，形成对中国历史发展的整体把握。这包括对中国历史的主要时期、重大事件、重要人物等方面的综合了解，以及对中国历史演进过程中的重要特点和规律的把握。通过培养对中国历史的综合认知，学生能够更好地把握历史脉络，理解中华民族的发展历程和文明传承。

（二）了解世界历史发展

1. 引导学生了解世界各国历史发展过程

学生应当了解世界各国历史发展过程，因为世界历史是人类社会发展的过程，不同国家和地区的历史发展互相交织、相互影响，了解世界各国历史发展过程对了解人类文明的多样性和丰富性具有重要意义。从古埃及、古希腊、罗马帝国到中世纪欧洲、近代美洲、亚洲各国，学生需要了解不同文明的兴起与衰落，掌握各国历史发展的主要特点和事件。

（1）学生应当了解古代文明的发展历程

古埃及、古希腊和罗马帝国是世界上古老又辉煌的文明。古埃及以其伟大的金字塔和尼罗河文明闻名于世，古希腊的民主政治、哲学思想和艺术成就对后世产生了深远影响，罗马帝国则统治了欧洲大陆数个世纪，成为西方文明的基石。

（2）学生需要了解中世纪欧洲的历史发展

中世纪欧洲经历了封建制度的盛衰、宗教改革的冲击等重大事件，形成了西方现代社会的基础。同时，欧洲在中世纪时期也经历了文艺复兴和"大航海"时代等重要时期，为欧洲的现代化进程奠定了基础。

（3）学生还应当了解近代美洲和亚洲各国的历史发展

近代美洲经历了欧洲殖民者的入侵和殖民统治，后来又发生了独立运动和民族解放斗争，成为世界上的新兴大陆之一。亚洲各国的历史发展也是丰富多彩的，如，中国从封建王朝到近代的殖民统治、民族解放运动，再到现代的经济崛起和文化复兴，都是世界历史上的重要篇章。

总之，通过了解世界各国的历史发展过程，学生可以更好地理解人类社会的发展历程和文明的多样性。他们可以从中汲取智慧，启发思考，拓宽视野，培养跨文化理解和国际视野，为未来的学习和发展打下坚实的基础。

2. 加强对世界历史的认识和理解

学生通过学习世界历史，能够获得一种全球性的历史视野，从而加深对世界各国文明和历史的认识和理解。在这个过程中，他们不仅需要了解各种文明间的相互影响和交流，理解世界历史在不同时期的核心问题和重要事件，还应当能够将世界历史发展与中国历史发展相互关联，形成全面的历史观念和国际视野。

（1）学生应当了解各种文明间的相互影响和交流

世界历史上，不同地区的文明往往相互交织、相互渗透，形成了丰富多彩的历史画卷。例如，古代丝绸之路的开通促进了东西方之间的经济、文化交流，希腊罗马文明对欧洲近代的文艺复兴产生了深远影响，伊斯兰文明的传播影响了欧洲、非洲和亚洲等地区。通过学习这些历史事件学生能够更好地认识到不同文明之间的相互影响和交流，进而形成更加全面的历史认识。

（2）学生需要理解世界历史在不同时期的核心问题和重要事件

世界历史上涌现过许多重大事件和问题，如古代的农业革命、城市化进程、帝国的兴衰、宗教改革、殖民主义和帝国主义的扩张、世界大战、冷战等。这些事件和问题对世界历史的发展产生了深远影响，也影响着人类社会的进步和发展。学生通过学习这些事件和问题，能够更深入地理解世界历史的发展脉络和规律，认识到历史的长河是由一系列相互联系的重要事件和问题构成的。

（3）学生需要将世界历史发展与中国历史发展相互关联

中国历史是世界历史的重要组成部分，中国古代文明对世界文明的发展产生了重要影响，而世界各国的历史事件和文化传统也影响了中国的历史发展。通过对照和比较中国历史和世界历史的发展，学生能够更好地把握历史的全局，形成全面的历史观念、开拓国际视野。

三、理解历史思维

（一）培养历史研究思维

1. 促使学生学会从历史事件、文化现象中寻找规律

学校在培养学生学会从历史事件、文化现象中寻找规律的过程中，扮演着至关重要的角色。历史研究思维的培养是历史教育的核心目标之一，其目的是引导学生通过批判性思考和深入研究历史事件、文化现象，寻找其中隐藏的规律和逻辑。学生需要从多个角度审视历史事件，分析原因和结果，形成对历史事物的系统认知。

首先，学校可以通过设置教学内容和改进教学方法来培养学生的历史研究思维。教师可以设计具有挑战性的历史问题，鼓励学生进行深入思考和探索。通过引导学生分析历史事件背后的各种因素和影响，促使他们形成对历史规律的感悟和理解。此外，运用案例分析、讨论互动等教学方法也能有效激发学生对历史事件规律性的关注和探究欲望。

其次，学校可通过举办历史研究项目和组织学生参与历史文化调查活动提升学生的历史研究能力和思维水平。历史研究项目可以让学生通过实际操作，深入研究一个特定历史主题，探索其中的规律和联系。同时，参与历史文化调查活动可以让学生亲身体验历史文化，从实践中感受并理解历史事件的深层含义，进而培养出对历史的深度认识和研究兴趣。

最后，通过开展跨学科交叉研究和跨文化对比分析，学校可以拓展学生对历史事件规律的认知视野，培养他们全面、多维的历史研究思维。跨学科研究能够让学生将历史与其他学科知识相结合，探索历史事件与社会、经济、政治等领域的关系，从而更好地揭示历史规律和逻辑。跨文化对比分析则有助于学生理解不同文化下历史事件的共通点和差异性，形成跨文化历史思维，促进学生对历史规律的发现和理解。

2. 形成历史思维

历史思维是学生在历史学习和研究中逐渐形成的一种综合性思维方式。这种思维方式能够帮助学生从历史的角度审视问题，发现事件之间的联系与影响，理解历史变迁的规律和脉络，从而加深对历史事件和文化现象的理解。

培养历史思维对学生的历史学习至关重要。首先，历史思维能够帮助学生更好地分析历史事件的发展轨迹与原因，揭示事物背后的内在联系，提高对历史事件的认知深度。其次，历史思维有助于学生客观、全面地看待历史事件，避免片面理解和主观臆断。同时，历史思维也能够锻炼学生的逻辑推理能力和辨析能力，使他们能够更好地厘清历史事件中的因果关系，形成合理的推理和结论。

除此之外，历史思维还可以帮助学生更好地把握历史发展的规律，从而更好地理解历史的发展脉络和演变趋势。通过历史思维，学生能够更好地把握历史的发展脉络和规律，形成更为完整和准确的历史观念。这种综合性的历史思维能力不仅有助于学生在历史学科中取得更好的学习成绩，还培养了学生的人文素养和社会责任感，使他们能够以更加深刻的历史智慧去认识和改造世界。

（二）强化历史比较能力

1. 训练学生用历史知识进行对比分析

在历史学习和研究中，历史比较作为一种重要方法具有重要意义。学校应该注重训练学生运用历史知识进行对比分析，即比较不同时期、不同地区、不同文明的历史事件和现象。通过历史比较分析的实践，学生能够从中发现差异性、关联性和影响，从而更深入地理解历史发展的规律和规律性问题，拓展历史思维的广度和灵活性。

通过历史比较，学生可以展开对历史事件和现象的多角度思考，促使他们形成批判性思维方式和深入观察问题的习惯。比较不同时期和地区的历史事件，有助于学生梳理历史发展的脉络和规律，深入理解历史进程中的连续性和变化性。比较不同文明之间的历史现象，则可以拓宽学生的视野，帮助他们认识到历史上不同文化之间的交流、融合和影响。这样的比较分析有助于学生超越时间和空间的限制，形成更为宏观、系统的历史观。

除此之外，历史比较还可以培养学生的独立思考能力和批判性思维。通过对比分析不同历史事件和文化现象，学生需要进行全面、客观的思考，提出合理的观点和结论。这种训练有助于培养学生的逻辑推理和分析能力，提升其历史思维的深度和广度，增强他们对复杂历史事件的把握能力。

2. 培养学生的历史比较能力

学校在历史教育中应致力于培养学生的历史比较能力，这是学生在历史学习和研究中必备的重要技能之一。通过案例教学、课堂讨论等方式激发学生对历史比较的兴趣和学习热情，帮助他们学会灵活运用历史知识进行横向或纵向比较，从而发现历史事件的共性和特殊性。这一过程旨在引导学生理解历史的多样性和复杂性，提升他们的历史分析和评估能力，从而更好地把握历史事件的本质和内在规律。

为培养学生的历史比较能力，教师可以通过多种教学方法和手段来实施教学。其中，案例教学是一种有效的方式，通过向学生呈现不同历史时期或地区的案例，引导他们比较分析案例之间的差异和联系，以启发学生对历史事件的深层次理解。此外，课堂讨论也是促进学生历史比较能力发展的重要途径。通过组织讨论活动，鼓励学生就历史事件的异同之处展开探讨，培养他们的批判性思维和逻辑推理能力。

在历史比较的过程中，学生应注重发现历史事件的共性和特殊性。通过对比分析不同时期、不同地区或不同文化的历史事件，学生可以发现相同事件背后的因果关系，探索历史规律和规律性问题。同时，学生也能够从比较中发现事件的特殊性，了解历史事件发生的特定背景和影响因素，丰富自己的历史知识储备并提升历史解读的深度和广度。

四、培育历史素养

（一）培养历史文化传统

1. 引导学生尊重和热爱历史文化传统

学校在历史教育中应该引导学生尊重和热爱历史文化传统。历史文化传统是一个国家或民族历经千年形成的宝贵财富，包含了丰富的智慧、价值观和道德准则，对塑造民族个性和提升民族认同感起着重要作用。

通过深入的历史教育，学生能够了解和领悟中国悠久的历史文化传统。学校可以组织学生参观古迹、博物馆等，在实践中让学生近距离接触历史文化遗产，感受历史的底蕴。同时，在课堂上引导学生读史、问史、思史，通过阅读历史文献、史书等资料，激发学生对历史文化的好奇心和探索欲望。

学校还可以通过开设相关课程，如中国历史和文化课程、传统文化课程等，培养和塑造学生对历史文化的情感认同和价值观。在课堂上，教师可以讲述历史故事，引导学生解读古代文献，让学生更直观地感受到历史文化的博大精深。同时，教师可以组织学生参与传统文化活动，如书法、剪纸、民俗舞蹈等，让学生亲身体验和感知传统文化的魅力。

学校可以通过开展历史文化研究小组、举办历史文化讲座等形式，激发学生参与历史文化研究和保护的积极性。鼓励学生开展小规模的历史研究项目，让他们深入探索历史的细微之处，增进对历史文化传统的理解和尊重。

2. 增进历史文化认同感

为增进学生对历史文化的认同感，学校在历史教育中应该采取一系列措施，引发学生内心深处的情感共鸣和文化认同。通过探索古代文化遗迹、传统节日、名人事迹等方式，激发学生对历史文化的自豪感和认同感，让他们能够在当代社会中传承并弘扬历史文化传统。

首先，学校可以组织学生进行实地考察，参观历史文化遗产和名胜古迹，目睹历史文化的瑰丽。通过实地参观，学生能够亲身感受古建筑、遗址等历史遗产的厚重与精美，激发他们对历史文化传统的尊重和珍惜之情。同时，学校还可以组织学生参加相关文化活动，体验传统节日的风俗习惯，深入了解历史文化传统的丰富内涵。

其次，学校可以开设有关名人事迹的课程或展览，介绍历史名人的故事。通过深入了解历史名人的成就和品德，学生可以从中汲取力量与智慧，感受其对社会的影响和价值，进而培养学生对历史文化传统的认同感和自豪感。

最后，学校还可以借助现代技术手段，如数字化资源、虚拟博物馆等，让学生以科技化的方式接触和了解历史文化。通过多媒体展示、在线讲座等形式，学生可以更加深入地认识历史文化的魅力与意义，提高对历史文化的认同感和热爱程度。

（二）培养历史责任意识

1. 促使学生树立正确的历史责任观念

历史责任意识的培养是促使学生树立正确的历史责任观念、积极投身社会发展的关键。学校在引导学生正确认识历史责任观念方面起着至关重要的作用。不仅要引导学生理解历史事件，更重要的是让他们认识到历史对当前社会的影响，以及个人在历史发展中的重要性。

（1）学校应该引导学生正确认识历史责任观念

这意味着学生不仅要了解历史事件的发生和演变过程，更要认识到历史责任的重要性。历史责任观念不仅仅是对历史事件的评价，更是对历史背后的人物、群体或国家的行为承担责任的认识。学生需要明白，历史上的每一个决策、每一个行动都会对今天的社会产生影响，而这种影响可能是深远而持久的。因此，学校应该通过历史教育课程，引导学生正确理解历史责任观念，让他们认识到自己身为当代人的责任和使命。

（2）学校应该让学生明白历史事件对当前社会的影响

历史事件不仅仅是过去的故事，它们对当今社会的政治、经济、文化等方面都产生了深远的影响。例如，历史上的战争和冲突、政治革命和变革、经济发展和衰退等都直接或间接地影响着当前社会的现状和发展。学校可以通过案例分析、讨论和研讨会等方式，让学生深入了解历史事件对当前社会的影响，引导他们思考如何从历史中汲取教训，以更好地应对当今社会的挑战和问题。

（3）学校还应该让学生理解个人在历史发展中的重要性

历史是由无数个人的选择、行动和努力构成的，每个人都在某种程度上影响着历史的进程。因此，学生应该认识到自己作为一个个体在历史中的重要性，明白自己的选择和行为可能会对历史的走向产生影响。学校可以通过激发学生的责任感和使命感，培养他们主动承担历史责任的意识和能力，引导他们为实现国家的繁荣、社会的进步和人类的发展做出积极贡献。

2. 关注历史发展对社会的影响，培养历史责任感

培养学生的历史责任感是教育的重要目标之一，因为历史责任感不仅是对历史的认知和反思，更是每个公民在当今社会中的责任与担当。学校在这方面可以通过多种形式的活动来培养学生的历史责任感，其中关注历史发展对社会的影响是至关重要的一环。

首先，学校可以通过开设讨论班或研讨会等形式，让学生有机会深入探讨历史事件对社会的影响。通过对历史事件的分析和讨论，学生可以更加清晰地认识到历史对社会的塑造作用。例如，可以组织学生就一些具有重大历史意义的事件进行深入讨论，如世界大战、民族独立运动、革命与改革等。通过学生之间的讨论交流，他们可以从不同角度去思考历史事件的影响，从而深刻理解历史责任感的重要性。

其次，学校可以组织社会实践活动，让学生亲身感受具有历史责任感的重要性。通过参与社会实践活动，学生可以将理论知识与实践经验相结合，更加直观地认识到个人对社会的责任与义务。例如，可以组织学生参观一些历史遗迹或纪念馆，让他们深入了解历史事件的背景和影响；或者组织学生参与一些社区服务或公益活动，让他们亲身感受到自己对社会的贡献和影响。通过这些实践活动，学生可以更加深入地认识到自己在历史发展中的责任，从而培养起历史责任感。

最后，学校可以通过课堂教学和课外阅读等途径，加强学生对历史事件的认知和理解。通过深入的历史学习，学生可以更加全面地了解历史事件的背景、原因和影响，从而更加清晰地认识到个人在历史中的责任和担当。学校可以为学生提供丰富多样的历史资料和文献，鼓励他们积极阅读和思考，从而加深他们对历史的理解和认知。

五、激发历史兴趣

（一）激励学生探索历史之美

1. 通过生动的案例和故事

学校可以通过生动有趣的历史案例和故事，为学生打开历史的大门，让他们深入感受历史的魅力，激发对历史的浓厚兴趣和好奇心。这些案例和故事可以涵盖历史人物的传奇经历、重大历史事件的发生背景、古代文化的瑰宝等，旨在引导学生走进历史的世界，理解历史的意义和价值。

（1）讲述历史人物的传奇经历

可以激发学生对历史人物的兴趣和好奇心。例如，可以讲述中国古代的帝王故事，如秦始皇、唐太宗等，以及西方历史上的英雄人物如亚历山大大帝、凯撒大帝等。通过生动的讲述，学生可以深入了解这些历史人物的生平事迹、成就和影响，从而感受到历史人物的精神风貌，激发对历史的兴趣。

（2）讲述重大历史事件的发生背景

可以帮助学生更好地理解历史事件的来龙去脉和背后的深层次原因。例如，可以讲述法国大革命、美国独立战争、中国的"五四运动"等历史事件的发生过程和影响，引导学生思考历史事件背后的社会背景、经济因素、政治因素等。通过深入的讲述和分析，学生可以更好地理解历史事件的复杂性和深刻性，从而增强对历史的认知和理解。

（3）讲述古代文化的瑰宝

可以让学生领略不同文明的魅力和特色。例如，可以讲述中国的丝绸、瓷器、书法、绘画等古代文化瑰宝，以及埃及的金字塔、希腊的雅典卫城、罗马的斗兽场等古代建筑文化瑰宝。通过展示这些古代文化的瑰宝，学生可以深入了解古代文明的辉煌和卓越，感受到历史文化的底蕴和魅力，从而激发对历史的热爱和敬畏之情。

2. 引导他们主动探索历史之美

激发学生对历史的探索欲望是培养其历史兴趣的重要途径。学校可以通过各种形式的活动，引导学生主动探索历史之美，从而深化他们对历史的认知和热爱。

（1）学校可以组织户外考察活动

通过实地走访历史古迹、名胜古城等，学生可以亲身感受历史的厚重与魅力。在考察过程中，学生不仅可以观察到历史遗址的真实面貌，还可以聆听导游或专家的讲解，了解历史事件的背景和故事，从而激发他们对历史的兴趣和好奇心。

（2）学校可以举办文物展览活动

通过参观历史文物展览，学生可以近距离接触到各种历史文物和文化遗产，了解古代社会的生活方式、科技水平和艺术成就。在展览中，学生不仅可以欣赏到精美的文物，还可以通过展览解说或导览员的讲解，深入了解文物背后的历史故事和文化内涵，从而激发他们对历史的好奇心和探索欲望。

（3）学校还可以组织历史剧表演等活动

历史剧是一种生动形象的历史教育形式，通过舞台表演展现历史人物的生活、情感和命运，让学生身临其境地感受历史的沧桑和悲喜。观看历史剧表演不仅可以增加学生对历史人物和事件的了解，还能够培养他们的审美情趣和文学素养，从而激发他们对历史的浓厚兴趣。

（二）培养学术追求精神

1. 引导学生进行独立思考、探究历史问题

激发学生对历史的探索欲望是培养其历史兴趣的重要途径。学校在引导学生主动探索历史之美时，可以通过组织户外考察、参观文物展览、观赏历史剧表演等丰富多彩的活动，让学生亲身感受历史的魅力，自发地探索历史之美，从而深化他们对历史的理解与热爱。

（1）组织户外考察

学校可以安排实地考察活动，带领学生走进历史名胜、古迹等文化遗产，现场感受历史的震撼。通过实地考察，学生能够亲身体验历史文化的底蕴与厚重，激发他们对历史的好奇心和探求欲望。

（2）组织文物展览

学校可以安排参观博物馆、文物陈列馆等场所，让学生近距离欣赏历史文物，了解其艺术价值和历史意义。通过参观文物展览，学生可以了解不同历史时期的文化特色和人文精神，拓宽对历史的认知视野。

（3）组织观赏历史剧表演或戏曲演出

通过戏剧形式将历史事件生动地呈现给学生，激发他们对历史的情感共鸣和审美体验。通过观赏历史剧表演，学生不仅能够了解历史故事背后的文化内涵，还可以感受到历史人物的英雄气概和智慧魅力，从而增强对历史的热爱和欣赏。

2. 培养其学术追求精神与独立研究能力

学校在培养学生的学术追求精神和独立研究能力方面扮演着关键的角色。学术追求精神不仅是对知识的追求，更是对问题的思考和解决的追求。因此，学校可以通过一系列针对性的活动来引导学生展开独立探究，锻炼他们的独立研究能力，培养扎实的学术追求精神。

（1）建立学术研究小组

选取一些学术兴趣相近的学生，组成学术研究小组，由专业老师或学术导师指导，开展针对性的学术研究活动。学生可以在小组内共同讨论、分享研究成果，并互相批评和提出建议，从而培养他们的团队合作精神和学术交流能力，激发学生对知识和问题的深入思考和探讨。

（2）开展独立研究项目

鼓励学生根据自己的兴趣和特长，选择感兴趣的课题或问题，开展独立的研究工作。学校可以提供必要的资源和支持，如图书馆、实验室等，帮助学生进行资料收集、实证研究等工作。通过独立研究项目，学生可以深入了解自己感兴趣的领域，培养独立思考和解决问题的能力，提升学术素养和综合能力。

（3）组织学术交流和比赛活动

通过举办学术报告会、学术论坛、学科竞赛等形式的活动，为学生提供展示研究成果的机会，激发学生的学术兴趣和探索欲望，促进学术交流与合作。这些活动不仅可以丰富学生的学术生活，还可以拓宽他们的学术视野，提升他们的学术水平和竞争力。

第四章　初中历史教学策略与方法

第一节　初中历史教学策略

一、教学策略的多样性

在初中历史教学中，教师应当充分认识到教学策略的多样性对提高教学效果的重要性。不同的教学策略适用于不同的教学内容和学生群体，因此教师应该根据具体情况灵活选择和运用。

（一）讲授策略

1. 讲授策略的重要性

在初中历史教学中，讲授策略扮演着至关重要的角色。通过教师生动的口头讲解，使学生能够系统地获取丰富的历史知识和概念。教师在讲授过程中可以根据教学大纲和学生水平，有针对性地选择和呈现相关内容，使学生在短时间内获得更多的历史信息。

同时，讲授策略也是传授历史文化和价值观的有效手段。通过教师的言传身教，学生可以了解到不同历史时期的社会风貌、思想观念和人文精神，从而形成正确的历史观念和文化认同感。因此，教师在讲授过程中需要注重挖掘历史事件背后的意义和价值，引导学生进行深入思考和探索。

2. 讲授策略的有效实践

在使用讲授策略时，教师应结合教学辅助工具，提升教学效果。例如，在讲述古代帝国兴衰时，教师可以利用地图和时间线等工具，使学生更直观地理解古代帝国的版图变化与历史变迁。通过图示辅助，学生能够更加清晰地把握历史事件的时间先后顺序和空间范围，加深对历史知识的记忆和理解。

关键在于抓住重点、条理清晰地呈现历史内容。教师在准备讲课内容时，应当梳理好思路，确定讲授的重点和主线，避免内容杂乱无章。同时，通过灵活运用语言、提问引导等手段，教师能够激发学生的兴趣，促使他们积极参与学习。例如，在讲述战国时期的各国争霸时，教师可以通过生动的比喻和对比，引发学生思考战国时期政治的复杂性与国家间的竞争关系。通过这种方式，学生能够更加深入地理解历史事件的背景和原因，从而提高历史学习的效果和质量。

（二）示范策略

1. 示范策略的重要性

示范策略是指通过展示历史文献、图片、视频等资料，给学生呈现历史事件的发展过程和重要细节。这种策略能够使学生对历史事件有更直观的认识，并激发他们的学习兴趣。通过对视觉、听觉等的刺激，学生更容易记忆和理解历史知识，从而提高学习效果。

示范策略在初中历史教学中尤为重要，因为历史内容通常较为抽象，有时难以让学生产生直观的感受。通过展示具体的历史资料，可以使抽象的历史事件具体化，让学生更好地感受历史的魅力和意义，从而加深对历史知识的理解。

2. 示范策略的有效实践

教师在运用示范策略中的关键是选择合适的资料。在准备教学资料时，教师应根据教学内容和学生水平，选择具有代表性和启发性的历史文献、图片或视频。例如，在讲述文艺复兴时期的艺术风格时，教师可以通过展示当时的艺术作品，如达·芬奇的《蒙娜丽莎》和米开朗琪罗的《大卫》，让学生欣赏到文艺复兴对艺术的影响。

除了选择合适的资料外，教师还应通过适当的讲解和引导，帮助学生理解资料背后的历史意义。例如，展示第一次世界大战的战地照片时，教师不仅可以描绘照片中所反映的战争场景和人物形象，还可以引导学生思考战争对人类社会的深远影响，包括政治、经济、文化等方面。

（三）解读策略

1. 解读策略的重要性

解读策略是指教师通过对历史文献、地图、图片等资料的深入解读，引导学生理解历史事件背后的深层含义和影响。这种策略能够帮助学生透过表面现象深入思考历史事件的根源、发展过程以及对当时社会的影响，从而提高他们的历史思维水平和分析能力。

在初中历史教学中，解读策略对于培养学生的批判性思维和历史意识至关重要。通过深入解读历史文献和资料，学生能够了解历史事件的多维意义，掌握历史事件的内在逻辑，从而形成更加全面和深刻的历史认知。这有助于学生形成批判性思维，独立分析历史问题，提高历史素养。

2. 解读策略的有效实践

教师在使用解读策略时，应重点分析文献资料的内涵，启发学生思考历史事件的多维意义。例如，在解读《论语》中孔子的思想时，教师可以帮助学生理解孔子对于人性、政治和道德的看法，以及儒家观念对中国古代社会的影响。通过深入解读，学生能够更好地理解儒家思想的深刻内涵及其对中国传统文化的重要影响。

在解读策略中，教师应注重逻辑性和深度。通过对历史文献的分析和比较，教师能够帮助学生建立起批判性思维，促进学生形成对历史事件的综合理解。例如，解读不同时期的历史地图时，教师可以引导学生思考地理环境对历史发展的影响，培养他们的历史地理观念。通过这种方式，学生能够更好地理解历史事件的背景和原因，提高历史分析和推理能力。

（四）讨论策略

1.讨论策略的重要性

讨论策略可以通过组织小组讨论、课堂辩论等形式，激发学生的思维，培养他们的批判性思维和表达能力。这种策略能够让学生在交流讨论的过程中，从多种观点和角度思考历史问题，促进他们形成独立、全面的历史观念，提高其历史思维水平。

在初中历史教学中，讨论策略有助于加深学生对历史知识的记忆和理解。通过互动式的讨论，学生能够将课堂上学到的历史知识应用到实际问题中，提高对历史事件的认知深度和广度。

2.讨论策略的有效实践

讨论策略的关键是教师如何引导和激发学生的参与热情。通过提出开放性问题和激发性观点，教师能够引导学生展开深入的思考和交流。例如，讨论古希腊城邦的民主制度时，教师可以提出民主的内涵与实践，并引导学生分析其对现代政治制度的影响。通过这种方式，学生不仅能够了解古代政治制度的发展演变，还能够思考其对当代社会的启示和借鉴意义。

教师在组织讨论时还应注意平衡课堂氛围，确保每位学生都有发言的机会。可以采用分组讨论、角色扮演等形式，让每个学生都能够参与到讨论中来。同时，教师还应及时给予学生反馈和指导，帮助他们更好地表达观点，促进讨论的深入和有效进行。

（五）案例分析策略

1. 案例分析策略的重要性

案例分析策略是一种有效的教学手段，可以帮助学生深入理解历史事件的背景、原因和影响。教师可以引导学生对具有代表性的历史案件进行深入分析和探讨，从而加深他们对历史事件的认识和理解。

在初中历史教学中，案例分析策略有助于提高学生的学习兴趣和参与度。通过选择与学生生活密切相关的案例，如工业革命、战争冲突等，可以激发学生的兴趣和好奇心，促进他们对历史事件的深入思考和学习。

2. 案例分析策略的有效实践

案例分析策略的关键是深入挖掘案例背后的历史内涵。通过对案例的详细解读和分析，教师能够帮助学生理解历史事件的复杂性和多维影响。例如，分析美国南北战争的案例时，教师可以引导学生思考战争的根源、经济利益、政治对立以及社会变革等方面。通过深入分析，学生能够更全面地理解战争对美国历史的深远影响。

在进行案例分析时，教师应注重引导学生从多个角度思考历史事件。例如，在讨论工业革命时，教师可以选取英国工业革命的案例，分析工业化对英国社会经济结构的深远影响。通过多角度的分析，学生能够更全面地理解工业革命对社会的影响，提高自身的历史思维能力和综合素养。

（六）问题解决策略

1. 问题解决策略的重要性

问题解决策略是一种促进学生综合运用历史知识，提升解决问题能力的有效教学手段。通过提出具体历史问题或描述具体历史情景，教师能够引导学生运用所学知识分析问题，提出解决方案，从而培养他们的问题解决能力和实践能力。

在初中历史教学中，问题解决策略有助于提高学生的学习兴趣和主动性。通过参与问题解决过程，学生不仅能够加深自身对历史知识的理解，还能够培养自身的批判性思维和创新能力，提高他们的学习动力和自信心。

2. 问题解决策略的有效实践

问题解决策略的关键是如何设计具有启发性和挑战性的问题。通过构建开放型的历史情景并提出问题，教师能够开发学生的思维，促使他们独立思考和探索解决方案。例如，讨论古代帝国的统治问题时，教师可以引导学生思考各种统治模式的优缺点，并提出改革建议，培养学生的创新意识和实践能力。

在使用问题解决策略时，教师应注重引导学生运用所学历史知识进行分析和论证。通过引导学生分析历史文献、考古资料等，探讨历史事件产生的背景、原因及其影响，教师能够帮助学生深入理解问题的本质，提高他们的问题解决能力。例如，探讨古代文明间的文化交流与冲突问题时，教师可以要求学生通过分析历史文献和考古资料，探索不同文明间的交流途径与文化影响，从而培养学生的历史思维和分析能力。

二、教学策略的针对性

教师在选择教学策略时，需要考虑到学生的认知水平、学习兴趣和学习方式等因素，以确保教学的针对性。

（一）认知水平

1. 针对认知能力较弱的学生

针对认知能力较弱的学生，教师在历史教学中应采用直观明了的示范和解读策略。这种策略旨在通过简单清晰的教学手段，帮助学生更好地理解历史知识，使其能够轻松地跟随课堂进程，建立起对历史事件或人物的基本认知。

在使用示范和解读策略时，教师可以充分利用视觉化辅助工具，例如图片、视频等。这些具体形象的材料能够直观地展示历史事件的场景、人物的形象，从而使学生能够更直观地理解历史知识。例如，通过展示历史图片或视频资料，教师可以向学生生动地介绍古代文明的繁荣景象、重要人物的形象特征，激发学生的兴趣和好奇心，提高其学习的积极性。

教师在示范和解读过程中应尽量避免使用过多的专业术语或复杂的句式。应该选择简单清晰的语言表达，以确保学生能够轻松理解。教师可以通过直接解释、简要说明等方式，向学生传授历史知识，使其能够在认知能力有限的情况下理解课堂内容。这样有助于降低学生的学习难度，提高他们的学习效果。

2. 针对认知能力较强的学生

针对认知能力较强的学生，教师应采用深入讨论的方式和问题解决策略。这种策略旨在拓展学生的思维深度、提高其批判性思维能力，促使他们更深入地理解历史事件的背景、原因和影响，有助于学生对历史现象进行更深层次的思考和探索。

在课堂上，教师可以引导学生分析历史事件产生的原因和影响，并提出开放性问题，鼓励学生思考、探索。教师可以通过对历史事件的深入讨论，引导学生从不同的角度思考问题，拓展认知领域，加深对历史事件的理解。例如，当讨论某一历史事件时，教师可以引导学生思考事件发生的背景、各方利益的冲突、事件的长期影响等，并就其中的争议性问题展开讨论，引导学生提出自己的观点。

教师还可以引导学生阅读相关的历史文献或资料，以拓展他们的认知领域。通过阅读原始文献或学术资料，学生能够接触到更多的历史信息和观点，从而加深对历史事件的理解，提高其批判性思维能力。例如，教师可以推荐给学生一些经典的历史著作或学术论文，要求他们进行阅读和分析，并在课堂上展开讨论和交流。

（二）学习兴趣

1. 针对学习兴趣高的学生

针对学习兴趣高的学生，教师可以采用案例分析和讨论策略，以激发其学习兴趣并深化对历史的理解。

教师首先可以选择一些与学生生活或当下社会相关的历史案例，这些案例可以是与学生所在地区相关的历史事件，也可以是与当前社会议题相关的历史故事。通过选取与学生生活密切相关的案例，激发学生的兴趣和好奇心，使他们更加愿意参与到历史学习中来。

在课堂上，教师可以组织学生进行案例分析和讨论。通过分析和讨论这些案例，学生可以更深入地了解历史事件背后的原因和意义，加深对历史知识的理解和掌握。同时，通过与同学们的交流讨论，学生还能够从不同的角度看待问题，拓展自己的思维，培养批判性思维能力。

例如，教师可以选择讨论某一历史人物或者某一重大历史事件。通过案例分析和讨论，学生可以深入了解该历史人物或事件对当时社会的影响，以及其在历史长河中的地位和意义。这样的教学方式能够使学生更加全面地了解历史，并且增强他们对历史学科的兴趣和认同感。

2. 针对学习兴趣不高的学生

针对学习兴趣不高的学生，教师可以采用趣味性强的教学方法，如游戏化教学或角色扮演等。这些教学方法能够将历史知识与生动有趣的情境相结合，吸引学生的注意力，提高他们的课堂参与度和学习动力。

在游戏化教学中，教师可以设计一些历史知识竞赛、谜题解密等游戏活动。例如，将历史知识融入趣味性十足的游戏环节中，让学生在游戏中通过答题、角色扮演等方式学习历史，从而激发他们的学习兴趣。通过游戏化的教学活动，学生不仅能够在轻松愉快的氛围中学习历史知识，还能够培养团队合作意识和竞争意识，从而增强学习动力。

此外，教师还可以引入角色扮演教学法。通过让学生扮演历史人物或角色，亲身体验历史事件的情境，加深对历史的理解。例如，教师可以组织学生扮演古代名人，模拟历史场景，让他们通过角色扮演的方式了解古代文化、政治和社会制度等方面的知识。这样的教学方法不仅能够激发学生的学习兴趣，还能够提高他们的情感投入度，使历史知识更加深入人心。

除了游戏化教学和角色扮演，教师还可以通过丰富多彩的教学活动来激发学生的学习兴趣。例如，组织历史文化展览、实地考察等活动，让学生亲身感受历史文化的魅力，从而增加他们对历史学科的兴趣和认同感。通过这些生动有趣的教学活动，学生能够更加全面地了解历史，提高学习兴趣，促进其全面发展。

（三）学习方式

1. 针对视觉型学生

针对视觉型学生，教师可以采用图片、视频等形象化的教学材料，以满足他们对视觉信息的特殊需求。这样的教学方法可以帮助视觉型学生更好地理解历史内容，提高他们的学习效果和学习体验。

在讲解历史地理时，教师可以利用地图、地形图等视觉化工具，为学生展示历史地理位置和地形特征。通过直观的图像呈现，视觉型学生能够更清晰地理解地理概念和空间关系，从而加深对历史地理的理解。例如，当讲解古代文明时，教师可以展示相应地区的地图，并通过图示标注地形特征、重要城市等，帮助学生准确地把握古代文明的分布和发展。

教师还可以利用历史影视作品或纪录片来辅助教学。在观看历史影视作品时，学生可以通过视觉和听觉的双重感知，更深入地体验历史文化的魅力。历史影视作品往往以生动的画面和情节呈现历史事件，能够引起学生的兴趣和好奇心，促使他们更加专注于历史学习。例如，教师可以选择与教学内容相关的历史纪录片，让学生观看并通过影像了解历史事件的过程和影响。

通过利用形象化的教学材料，教师能够更好地满足视觉型学生的学习需求，提高他们的学习兴趣和参与度。这样的教学方法不仅能够增强学生对历史知识的理解和记忆，还能够激发他们对历史学科的兴趣，促进其全面发展。

2. 针对听觉型学生

针对听觉型学生，教师可以通过讲授和讨论等方式进行教学，以满足他们对听觉信息的特殊需求。这样的教学方法可以帮助听觉型学生更好地理解历史内容，提高他们的学习效果和学习体验。

首先，在讲解历史事件或人物时，教师可以采用生动有趣的语言表达，激发学生的听觉感知。通过生动的描述和讲解，教师能够吸引听觉型学生的注意力，使他们更加专注于历史内容的学习。例如，教师可以运用形象生动的比喻和故事情节来讲解历史事件，让学生通过听觉方式感知历史故事的情节和内涵。

其次，教师还可以组织小组讨论或学生演讲等活动，以促进学生之间的交流与合作，提高他们的学习效果和学习兴趣。通过小组讨论，学生可以在听取他人观点的同时，表达自己的想法和看法，从而加深对历史知识的理解。同时，学生演讲活动则可以锻炼学生的口头表达能力，增强他们的自信心和学习动力。

三、教学策略的灵活运用

教师在教学实践中应具备灵活运用教学策略的能力，根据教学目标和学生需求，实时调整和组合运用不同的教学策略，以获得更好的教学效果。

（一）实时调整

1. 实时观察学生的学习状态和反馈

（1）观察学生的学习表现

在教学过程中，教师应当通过密切观察学生的学习状态和表现来了解他们的学习情况。这包括注意学生的专注度、参与度、学习动机和学习态度等方面。通过观察学生的表现，教师可以初步了解学生对教学内容的理解程度和学习态度，为后续的教学调整提供依据。

（2）收集学生的反馈和问题

教师还应当鼓励学生提出问题和反馈意见，以便及时发现和解决学生在学习过程中遇到的困难和问题。通过与学生进行交流和沟通，教师可以了解到学生对教学内容的理解程度、感兴趣的方面以及存在的困惑和障碍，从而为调整教学策略提供更具体的方向和依据。

（3）利用实时反馈工具

教师可以借助现代技术手段，如在线投票、即时测验、电子问卷等实时反馈工具，收集学生的反馈和意见。通过这些工具，教师可以快速了解到学生对教学内容的掌握情况和学习态度，及时发现和解决问题，提高教学效果和学习质量。

2. 根据学生需求进行实时调整

（1）针对性地解释和说明

一旦教师发现学生对某一历史概念或内容存在理解困难，就应立即采取行动进行解释和说明。教师可以通过更生动的例子、比喻、图示等方式，对学生提出的问题进行有针对性的解答，帮助他们更好地理解和掌握知识。

（2）调整教学方法和策略

根据学生的学习状态和反馈意见，教师可以及时调整教学方法和策略，更好地满足学生的学习需求。例如，对于对历史概念理解困难的学生，教师可以采用更直观、生动的教学材料和形式，如图片、视频、实物模型等，来帮助他们理解。同时，也可以通过小组讨论、合作学习等方式，发散学生思维，提高学生的参与度，增强学习效果。

（3）提供个性化辅导和指导

针对个别学生的学习需求，教师可以提供个性化的辅导和指导。通过与学生一对一的交流和互动，了解他们的学习情况和困难，并提供针对性的帮助和支持。这种个性化的辅导和指导可以更好地满足学生的学习需求，帮助他们克服困难，取得更好的学习效果。

（二）组合运用

在教学设计中，教师可以灵活地组合运用多种教学策略，以更好地达到教学目标。例如，在讲解一个复杂的历史事件时，教师可以采取多种策略相结合的方式进行教学。

1. 灵活组合运用多种教学策略

（1）教学目标导向

在教学设计中，教师首先应该明确教学目标，并根据目标的要求灵活选择和组合多种教学策略。教学目标可以涵盖知识、能力和情感等方面，因此需要结合具体的目标来确定合适的教学策略。例如，如果教学目标是让学生掌握某一历史事件的背景和影响，那么教师可以组合运用讲授、示范和讨论等策略，以确保学生对事件有全面的了解和认识。

（2）教学策略的互补性

在组合运用教学策略时，教师需要考虑到各种策略之间的互补性，使它们能够相互配合、相辅相成，共同达到教学目标。例如，讲授策略可以用来传递基础知识，示范策略可以帮助学生形成直观的认识，而讨论策略则可以开发学生的思维，促进他们的深层次理解。通过合理组合不同的教学策略，可以使教学过程更加全面、丰富，提高学生的学习效果和成绩。

（3）教学策略的灵活运用

在实际教学中，教师应该根据具体的教学内容、学生特点和教学环境等因素，灵活运用多种教学策略。教师可以根据教学进度和学生反馈情况及时调整教学策略，以确保教学过程的顺利进行和教学目标的达成。同时，教师还可以根据学生的学习方式和偏好，采用更加个性化的教学策略，使每个学生都能够得到有效的学习支持和指导。

2. 教学策略的具体组合方式

首先，教师可以通过简要的讲授和概括，向学生介绍事件的基本背景和主要内容。这种讲授策略可以帮助学生建立起对事件的基础认知，为后续学习打下坚实的基础。教师可以运用教材、PPT 等辅助工具，结合生动的语言和案例，向学生阐述历史事件的来龙去脉和重要细节。

其次，教师可以利用多媒体资料进行直观展示，帮助学生更加生动地理解事件的过程和影响。通过展示历史文献、图片、视频等资料，学生可以感受到历史事件的真实性和重要性，加深对事件的印象和理解。这种示范策略可以使教学内容更加生动、直观，吸引学生的注意力，提高学习效果。

最后，教师可以组织学生进行小组讨论或展开案例分析，深入探讨事件背后的深层次意义和影响。通过与同学的讨论和交流，学生可以分享自己的观点和想法，从不同角度思考和理解历史事件。这种讨论策略可以激发学生的思维，促进他们的深层次学习，培养他们的批判性思维和表达能力。

第二节　初中历史教学方法

一、大单元教学方法

历史是初中阶段的必学课程，其知识点相对繁杂、琐碎，学生学习时常常会出现混淆人物年代、历史事件背景的情况，这不利于历史高效课堂的构建。新时期背景下，教师要紧扣教材特点，开展历史大单元教学，紧扣单元主题，引导学生分析、解读历史知识，培养学生正确的时空观念，完善学生的认知结构。

（一）大单元教学概述

大单元教学是一种以大主题、大任务为核心的教学方法，其目的在于有效地分析、整合、重组以及开发学习内容，形成具备明确主题、目标、任务、情境等要素的结构化教学。在历史教学中，我们可以明显地观察到教材呈现出显著的大单元特点，每个单元都围绕着一个特定的主题展开，为大单元教学提供了可能性和得天独厚的优势。

历史教材的设计通常以历史发展的大趋势和主题为依托，每个大单元都涵盖了一段历史时期或者一个重要的历史事件，通过深入挖掘教材内容，教师可以将这些大单元作为教学的主线，有计划地组织教学活动，引导学生深入学习历史知识。

在大单元教学中，教师需要细心观察学生的学习状态，了解他们的学习需求和水平，根据学生的实际情况有针对性地设计教学活动。教师还应该关注学生的学习动态，及时调整教学策略，使教学过程更加贴近学生的实际情况，提高教学效果。

同时，教师还需要抓住教学契机，将历史教学与学生的生活、社会实践相结合，引导学生从生活中感悟历史、理解历史，使历史知识更加生动有趣、易于理解和记忆。

（二）初中历史大单元教学的可行性

初中历史教材的编排结构十分精心，每个大单元都围绕着特定的主题展开，并细分为相应的子课题，使得学生能够系统地了解历史事件和历史发展的脉络。以部编版历史七年级下册的第三单元"明清时期：统一多民族国家的巩固与发展"为例，该单元从明朝的统治开始，逐步展开到明朝的对外关系、科技、建筑、文学等方面，再到明朝的灭亡，清朝前期的社会经济发展，以及清朝君主专制的强化等。此种编排不仅有助于学生对历史事件和时期的整体把握，也更易于他们理解历史发展的规律和历史变迁的因果关系。

大单元教学与教材的编排特点高度契合，使得在历史课堂上实施大单元教学十分可行。通过大单元教学，教师可以充分利用教材的编排结构，有针对性地设计教学活动，使学生能够系统地学习历史知识。学生不再只是零散地了解某个历史事件或人物，而是通过对整个大单元的学习，将各个历史事件和人物串联起来，形成一幅完整的历史画卷。这样的教学方式有助于学生建立起更加完整和系统的历史知识体系，提升他们的历史素养和综合能力。①

大单元教学还有助于学生对历史发展规律的深入理解。通过对一个时期或一个主题的系统学习，学生可以更加清晰地感知到历史发展中的规律性和普遍性。例如，在学习明清时期的统一多民族国家的巩固与发展时，学生可以通过对明朝和清朝的比较，理解盛极必衰的历史发展规律，从而对历史事件和历史发展有更加深刻的认识。

（三）初中历史大单元教学意义

1. 有利于提升学生的思维水平

传统的教学模式通常是以课程内容为中心，教师主导学生的学习过程，学生被动接受知识，对知识的理解多表现为表面性记忆和简单运用。在这种模式下，学生的思维水平往往得不到充分的提升，缺乏对知识的深层理解和批判性思考。尽管教师会安排一定的练习来加深学生对知识的理解，但这种

---

① 王天宝. 初中历史教学中学生核心素养培养的实践探索——观摩 2019 年河北省初中历史优质课评比有感 [J]. 教育实践与研究，2020（02）：33-36.

单一的讲授和练习模式往往难以激发学生的主动性和创造性，学生的学习兴趣和动机也会受到一定程度的影响。

相比之下，大单元教学以单元内容为主线，重新组织、排列和延伸知识，使得知识之间的联系更加紧密。在这种教学模式下，教师可以沿着单元主线对知识点进行拓展和延伸，引导学生通过思维的逻辑推理和自主探究来理解和总结知识点。通过对历史事件和历史时期的系统性学习，学生不仅能够了解事件的发生和影响，还能够深入思考事件背后的原因和意义，从而形成更加深刻的认知和理解。^①

在大单元教学中，学生需要主动参与到知识的探索和建构中，通过思维的碰撞和交流，逐步形成自己的认知结构。教师可以设计各种启发性的问题和任务，激发学生的思维，引导他们进行深入思考和探索。通过这样的过程，学生不仅能够掌握历史知识，还能够培养批判性思维、创造性思维和问题解决能力，提升他们的综合思维水平。

2. 有利于促进学生自主学习

初中历史大单元教学的实施为促进学生自主学习提供了良好的条件和环境。与传统的教学模式相比，大单元教学更加注重学生的主体地位，教师的角色则转变为学生学习过程中的引导者和辅助者，从而激发了学生的学习主动性和自主性。

在大单元教学中，教师不再是简单地向学生传授知识，而是以引导和点拨的方式，让学生在整体把握和细致分析单元内容的基础上，积极主动地进行学习。教师为学生提供了丰富的学习资源和信息，引导他们自主地进行学习和探索。学生在这样的教学环境中，可以自由地选择学习的方式和方法，根据自己的学习需求和兴趣进行学习活动，从而培养他们自主学习的能力。

---

① 田永柠. 构建优质历史与社会课堂培育初中生学科核心素养 [J]. 新课程教学（电子版）, 2020（03）: 9-10.

在学习过程中，学生不再是被动接受知识，而是通过积极地探索和自主地思考，逐步建立起对历史知识的认知结构。他们在教师的指导下，学会如何提出问题、分析问题、寻找答案、解决问题，从而培养了自身的批判性思维、创造性思维和问题解决能力。

大单元教学还能够让学生体验到成为课堂主体的快乐。在自主学习的过程中，学生不仅能够理解历史知识，还能够培养自己的学习兴趣，从而更加喜欢历史、热爱历史。这种积极的学习态度将会伴随着他们的成长，促使他们在日后的历史学习中表现出更强的自主性、积极性和创造性。

3. 有利于提高课堂教学实效

近年来，科技的持续进步为人们的生活和学习带来了巨大的改变。在学校教育领域，教学实效成为教学成功与否的重要标志之一。为了提高课堂教学的实效性，教师需要不断创新教学方法，紧跟时代潮流，而大单元教学模式的实施为此提供了一个有效的途径。

大单元教学要求教师以大主题、大任务为中心，将单元内容有机地串联起来，使学生能够在更短的时间内理解、掌握更多的历史知识。相比传统的课时教学模式，大单元教学更加注重教学内容的系统性和连贯性，有利于学生更深入地理解历史知识，形成更完整的认知结构。通过大单元教学，教师可以更加有效地利用有限的教学时间，帮助学生更好地掌握历史知识，提高学生的学习效率和学习成果。

在教学实践中大单元教学增强了教师的教学灵活性和多样性。教师可以根据学生的学习需求和特点，灵活选择和组合各种教学方法和手段，如讲授、示范、讨论、案例分析等，以更好地促进学生的学习。通过多样化的教学手段和活动，教师可以更好地激发学生的学习兴趣，提高他们的学习积极性和参与度，从而增强课堂教学的实效性。

大单元教学还为学生提供了更多获取学习资源的机会。学生可以通过各种渠道获取与大单元主题相关的学习资源，如图书馆、互联网等，从而更好地补充和丰富自己的历史知识。这样的学习方式不仅有利于学生的自主学习，还能够培养他们主动获取知识的能力，从而提高整体教学实效。

（四）初中历史大单元教学方法

1.尊重个体差异，优化目标设计

在确定教学目标时，教师需要从学生的发展角度出发，充分考虑个体差异，以此为基础设计出科学合理的目标体系。大单元教学目标的制定应该充分尊重学生的学习需求和特点，因为学生的成长受到遗传、环境等因素的影响，他们的身心特征、能力水平存在着明显的差异。因此，分层设计教学目标成为促进大单元教学高效开展的重要前提。

针对学生的认知水平和学习能力，教师可以将教学目标分为基础目标、拓展目标和挑战目标三个层次。基础目标是针对全体学生的，旨在确保所有学生都能达到基本水平；拓展目标则要求大部分学生达到，涉及分析和运用知识的能力；而挑战目标则针对综合素质较强的学生，要求他们能够进行高阶思维活动，如评价和创造。这样的分层设计能够更好地满足不同学生的学习需求，提高教学的针对性和有效性。[1]

举例来说，以部编版历史九年级上册第六单元"资本主义制度的初步确立"为例，教师可以根据学生的认知水平和学习能力，设定不同层次的教学目标。基础目标可以要求学生明确英、美、法资产阶级革命中的重大事件、代表人物以及具体现象，形成良好的唯物史观，初步培养历史解释能力；拓展目标则要求学生就英、美、法等国家政治经济、思想文化之间的关系进行分析，并形成一定的理解，具备较高水平的历史解释能力；而挑战目标则要求学生能够将所学知识与其他学科进行融合，实现历史素养的综合发展。

教师在制定教学目标后，应根据学生的实际情况实施教学，并及时检验

---

① 苏严顺.创新理念全面提高初中历史教学成效[J].名师在线，2020（09）：45-46.

目标的达成度，以确保教学目标的顺利达成。这样的分层设计不仅能够有效改善班级中存在的两极分化现象，还能够促进学生整体学习水平的提升，为教学的高效开展打下坚实的基础。

2. 明确单元主题，把握整体思路

在进行初中历史教学的大单元教学时，教师需要对单元主题有清晰的认知，以此为基础来把握整体教学思路，并确保教学活动的顺利开展。每个单元在历史教材中都会设立导语，简要介绍单元的主题和内容。教师在教学过程中应当从单元导语入手，深入挖掘和解读单元中的子课题，以明确单元的主题。[①] 这一环节对于大单元教学至关重要，因为它直接关系到最终的教学效果。

举例来说，以部编版历史七年级下册第一单元"隋唐时期：繁荣与开放的时代"为例，该单元的导语部分简要概括了隋唐时期的历史变迁过程及变迁原因。在教学中，教师需要先对单元的地位和内容进行分析，然后才能确定单元的主题。该单元的主线是"繁荣与开放的时代"，在隋唐时期，繁荣与开放是最为突出的特点，无论是文化、经济还是社会习俗、外交，都充分展现了这一特点。教师在对这些内容有清晰认知后，就可以明确单元的主题为"繁荣与开放的时代"，并为后续的教学活动打下基础。

通过明确单元主题，教师可以在教学过程中更好地组织教学内容，突出单元的核心特点，引导学生深入理解和掌握历史知识。同时，明确的单元主题也有助于教师设计相关的教学活动和评价方式，从而提高教学的针对性和有效性。

3. 精心创设情境，激发学习热情

在进行历史教学时，教师的任务不仅在于传授知识，更重要的是要激发

① 张哲. 新媒体环境下初中历史教学方法的创新与实践 [J]. 中小学信息技术教育, 2020 (01): 47–48.

学生的学习兴趣和热情。为了达到这一目的，精心创设情境成为一种有效的选择。通过情境创设，教师将教学内容融入具体情境活动中，从而吸引学生的注意力，在解决真实问题的过程中激发他们的学习热情。

情境教学法被认为是一种有效的教学方法，其优势得到了广大教师的认可与青睐。在初中历史大单元教学中，教师可以借助情境创设，引导学生将注意力集中到历史事件上，并思考与之相关的其他事件，从而真正激发学生对历史学科的兴趣。例如，在教授"第二次工业革命和近代科学文化"这一内容时，教师可以扮演"导演"的角色，编排剧本，将历史内容以影视作品的形式呈现出来。通过观看影视作品，学生不仅能了解单元知识，还可以更深入地理解历史事件，并且通过情节的设计，学生能够更加生动地感受工业化时代的背景和情境。

在情境创设过程中，教师可以从多个角度出发，吸引学生的注意力并激发学生的学习热情。首先，可以利用信息化设备展示相关视频，引起学生的兴趣和好奇心。其次，教师可以通过背景介绍，为学生提供必要的历史知识铺垫，帮助学生更好地理解情境。最后，教师可以将情境与文学、艺术等方面联系起来，通过相关影视作品或文学作品，使学生更加深入地了解历史事件，从而加深他们对历史的认识和理解。

通过精心创设情境，教师可以激发学生的学习兴趣和热情，使他们更加积极主动地参与到历史学习和探究中。这不仅有利于学生思维能力的提升，还可以促进他们对历史的深入理解，从而达到优化教学效果的目的。

4. 开展合作探究，实现思维碰撞

在初中历史大单元教学中，教师可以采取开展合作探究的方式，引导学生进行思维碰撞，深化他们对单元内容的理解和掌握。学生的差异是客观存在的，因此，针对相同的内容，不同的学生可能会产生不同的想法和见解。通过将学生合理分组，并以小组讨论的方式展开活动，教师可以促使学生们分享自己的观点和看法，从而加深他们对单元内容的认识和理解。

在小组交流与探讨的过程中，学生们不仅能够了解他人的想法，还能够通过与他人的思维碰撞，进一步拓展自己的认知。这种交流与讨论不仅有助于学生深入思考单元内容，而且能够提升他们的合作意识、表达能力、思维能力以及创新能力，从而实现学生全面发展的目标。

举例来说，如果教师正在教授"近代化的早期探索与民族危机的加剧"这一单元，可以将学生分成不同的小组，并给予每个小组一个特定的探讨主题，如"近代化的早期探索对当代社会的意义"或"民族危机加剧的原因"。在小组内，学生们可以畅所欲言，就所给的主题展开讨论，表达自己的观点和看法。通过这样的活动，学生们能够更加全面地理解单元内容，并且从他人的观点中获得启发，进一步拓展自己的认知。

同时，教师也可以借助这样的活动营造良好的课堂氛围，引导学生在思维碰撞中擦出智慧的火花。学生们在分享观点和交流思想的过程中，能够接收他人的观点，从而更好地理解单元内容。通过整合个人想法和接收他人观点，学生们能够更全面地把握单元内容，从而取得更显著的学习效果。

二、任务型教学法

（一）任务型教学法的基本环节

新版课程标准倡导以学生的发展为本，要求设计有助于核心素养形成和发展的教学过程。任务型教学法作为一种教学理念，着重于明确学习任务，以情境和任务为核心，围绕学生和教师两个方面展开。在教学过程中，教师要合理设计教学环节，确保学生的全面发展，并最终达到核心素养的培养目标。

教学环节的设计需要各要素有机融合，教学情境创设要合理，以促进学生的充分发展。同时，教师的引导必须恰到好处，确保信息交流畅通，知识建构扎实，能力训练有效，从而达到教学目标的预期和生成精彩的教学效果。正如南通市学科带头人葛家梅所说"教学目标各要素要有机融合，教学情境创设合理，学生发展充分；教师引导恰当，信息交流渠道畅通，知识建构扎实，能力训练有效，预设、生成精彩。"①设计的教学环节如下图所示：

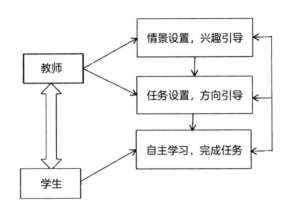

图 4-1　任务型教学法教学环节流程图

1. 情景设置，兴趣引导

历史之所以具有如此强大的魅力，在于它能够将我们带回过去，重现当时的场景与情境。尽管历史无法被完全复制，但通过创设历史情境，我们能够感受历史的生动与魅力，领悟古人的思想与风采。在教学中，特别是基于核心素养的教学，创设真实情境是至关重要的。研究指出："教学中创设真实的情境，让学生置身其中，激发其思考，这样能够拉近历史与学生之间的时空距离，促使学生产生问题，进而展开思维，进行深入探讨。"②这表明，只有通过拉近历史与学生之间的距离，学生才能真正感受到历史的魅力，并对

① 葛家梅. 有效教学观下一节历史好课的实践智慧 [J]. 历史教学（中学版）,2014(4)：37-42.

② 徐蓝. 普通高中课程标准（2017 年版）教师指导 - 历史 [M]. 上海：上海教育出版社，2020：155.

历史产生浓厚的兴趣。

创设历史情境的方法多种多样，例如通过电影、故事、诗词、图片、博物馆等方式。无论是简单还是复杂的情境创设，都应该服务于教学任务、教学目标和教学内容。情境的设定需要考虑学生的心理特征，确保能够唤起学生的内在潜能，满足其发展需求。教师应通过情境创设引导学生思考，并让其以特定历史背景为依托展开思考，而不是进行毫无意义的抽象思考。在特定的历史情境下，学生的学习动力将得到更好地激发，从而促进课堂教学的有效展开。

情景设置一：

在进行"三国鼎立"一课的教学时，可以用《三国演义》片头曲《滚滚长江东逝水》作为开头导入，利用歌曲的雄浑气势唤起学生的情感共鸣，将他们带入那个风云变幻的三国时期。这种情景设置能够营造出激昂澎湃的氛围，激发学生对历史的好奇心和学习热情。在这样的氛围下，学生的情感体验更加深刻，对课程内容的理解和记忆也更加持久。

情景设置二：

材料一中介绍了《三国志》，指出它是由西晋时期的史学家陈寿所著，是一部以纪传体断代史形式记载了魏、蜀、吴三国鼎立时期历史的著作。陈寿作为晋朝的臣子，书中尊魏为正统，这体现了作者的政治立场。

材料二则介绍了《三国演义》，这是由元末明初著名小说家、戏曲家罗贯中根据陈寿的《三国志》以及宋元时期的民间传说、戏曲、话本等资料创作而成。与《三国志》相比，《三国演义》更加通俗易懂，融入了作者个人对社会人生的体悟，是一部充满戏剧性的史诗巨著。

教师可以利用这两份材料向学生展示《三国志》和《三国演义》的区别，然后通过讲述真实的三国历史故事，再结合与影视剧的对比，帮助学生从"影视三国"中脱离出来，更好地认识真实的历史。最后，通过形势图（略）展示"三国鼎立"局面的形成，可以让学生更直观地了解历史的发展脉络，进一步感受三国时期的历史情境。这样的教学设计不仅能增强故事性，也能加强情感化交流，吸引学生的注意力，提升他们对课程内容的理解和兴趣。

情景设置三：

针对"辛亥革命"的教学设计，可以通过展示材料三，即秋瑾的诗作《如此江山》，让学生深入感受当时中国的社会局势。秋瑾的诗作反映了当时中国社会动荡不安、民不聊生的状态，通过细读诗句中的字眼，学生可以感受到当时的社会氛围和人民的心情。

该情景设置展示了辛亥革命中杰出的女英雄秋瑾的《如此江山》。同学们可以从诗句的字词中感受到当时特定的社会背景。诗中描述的"祖国酣眠如故""外侮侵陵""内部腐败""豆剖瓜分"等场景，生动地展现了中国社会的危机和矛盾。通过与学生共同探讨诗歌中所蕴含的意义，可以帮助他们深入了解辛亥革命爆发的背景，进而理解革命的动因和意义。这样的情景设置能够激发学生的思考和探究欲望，增强他们对历史事件的认知和理解。

2. 任务设置，方向引导

任务设置是任务型教学法的核心内容，教师在设置任务时需要根据课程目标、学生发展需求和学业要求等因素进行合理规划。新版课标中也明确提出："学习任务的确定应以课程标准中的内容要求、学业要求和学业质量标准为依据，以具体的任务引领学生去认识历史和解决探究的问题。"[①]因此，教师在设置任务时要根据课程目标的要求，以教材为依托，以学业要求和学业质量为基准，沿正确方向引导学生，保证教学质量和教学效果。

在情景设置三中，教师展示了秋瑾的诗作和相关图片，为学生呈现了辛亥革命时期的社会背景。为了引导学生更深入地理解历史，教师设置了任务：

---

① 中华人民共和国教育部. 义务教育历史课程标准（2022年版）[S]. 北京：北京师范大学出版社，2022：58.

"诗歌反映了一个世纪前的中国是怎样的局面？"这个任务引导学生分析诗歌中所反映的社会现象和历史背景，激发他们的思考和探究欲望。通过任务设置，学生不仅能够感受到当时的社会情境，还能够从中领悟历史的发展脉络和人民的心情。教学情境与教学任务相辅相成，能够有效促进学生的学习和成长。

在设置任务时，教师需要注意以下几个方面的问题。

（1）依据教学目标任务的设置要有明确的目标

在教学中，任务的设置必须紧密围绕教学目标展开，确保教学活动能够有效地达到预期的学习结果。教师在确定教学目标和教学主题后，应当将整体目标分解为小目标，并分阶段、分层次地进行，使学生能够逐步达成总目标。教学目标的明确是任务型教学法正确应用的基础，它是对学生所需掌握的知识、技能、能力、态度、情感和价值观等方面的具体要求。

在历史教学中，教学目标主要体现在五大核心素养上。首先是唯物史观，要求学生辩证地看待历史事件，坚持科学的历史观和方法论。其次是时空观念，学生需要在具体的时空条件下考察历史，以全面、客观的态度看待历史。另外，史料实证同样是一项重要的素养，学生需要对所获取的史料进行辨析，并合理运用那些可信的史料，以此来培养对历史真实性的重视态度与方法。此外，历史解释能力也是必不可少的，学生需要以史料为依据，客观地认识和评判历史，形成自己的历史认识、历史观点。最后，培养家国情怀旨在激发学生的人文追求与社会责任感，这不仅要求学生怀有对祖国和社会的深切关怀和责任感，而且要树立远大理想和崇高的价值追求。

在设置任务时，教师要以五大核心素养为指导，确立明确的任务目标，旨在确保学生在完成任务的过程中充分展示和发展这些素养。任务的目标要与课程目标和学业要求相契合，具有一定的挑战性和启发性，能够引导学生深入思考和探究问题。同时，任务的完成需要有明确的评价标准和反馈机制，以帮助学生及时纠正错误，提高学习效果。

通过合理设置任务，教师能够有效地引导学生全面、系统地掌握历史知识，培养其核心素养，提升学生的综合能力和学习水平。

例如：在"辛亥革命与中华民国的建立"这一课中，根据新版课程标准的明确规定，教学任务的设置应围绕以下几个方面展开：孙中山等民主革命先行者的革命活动、武昌起义、辛亥革命的历史意义和局限性、民国初期北洋军阀的统治，以及新文化运动的基本内容和代表人物。

具体而言，任务的设置可以包括以下几个方面：

目标案例一："辛亥革命"教学目标

表4-1　"辛亥革命"教学目标内容

1	了解萍浏醴起义、安庆起义、镇南关起义、黄花岗起义、武昌起义等史实。能够在地图上辨认出起义的地点，运用构建时间线的方法，理解事件之间的历史联系和时间顺序。
2	通过材料研读，分析辛亥革命的伟大的历史意义及其局限性，知道学习西方制度并不能救国，资产阶级具有软弱性、革命具有偶然性。
3	通过对辛亥革命历史意义的分析，用辩证唯物主义的观点全面、发展地评价历史事件。
4	通过学习辛亥革命，体会到辛亥革命者不懈奋斗的革命牺牲精神，认识到近代中国的进步是无数仁人志士的牺牲换来的，这种敢于突破、勇敢奉献的精神是一个民族得以发展和进步的重要源泉。

目标案例二："新文化运动"教学目标

表4-2　"新文化运动"教学目标内容

1	理解新文化运动的背景和起源：学生能够描述新文化运动的历史背景和起源，包括近代中国社会的变革和思想解放的需求。
2	通过对史料的辩证分析和理解得出结论，做到论从史出，探究新文化运动在近代中国思想解放中的地位。

续表

3	通过对新文化运动的学习，感受新文化运动者们的历史责任感，认识到新文化运动的思想启蒙作用，即打破束缚，动摇了封建专制的统治，激发人们的社会责任意识和浓厚的爱国主义情感。

（2）符合学生认知规律

符合学生认知规律的任务设置是任务型教学法的重要实施要求之一。任务的设定应充分考虑学生的发展水平、年龄特征、成长规律、性格特点以及班级和学校的教学特色，以确保任务与教学目标的贴合度和可操作性。任务应该遵循循序渐进原则，由浅入深，让学生在逐步完成任务的过程中不断提升自己的认知水平和能力。

在对"辛亥革命"课程进行任务设置时，需要综合考虑学生的认知水平和学习能力，合理安排任务的难度和内容，使之既具有一定的挑战性，又不至于过于困难，确保每个学生都能在适当的指导下完成任务。下面是符合学生认知规律的"辛亥革命"课后任务设置方案：

表4-3 符合学生认知规律的"辛亥革命"课后任务设置方案

1	课外阅读一些关于革命党人事迹的书籍，讲述一个革命党人为革命奉献的故事。
2	通过查找相关资料和实际调查，选择一位革命党人，并制作PPT展示其革命事迹。

通过任务1和任务2的对比，我们可以明显发现：任务1更符合初中学生的特点，而任务二的设置对初中生来说技术难度较高，实施上也存在一定困难。因此，在任务型教学中，任务的设定必须考虑学生的认知规律，以确保任务与教学目标的贴合度和可操作性。任务的难度应该在学生的能力范围内逐步增加，使每个学生都能够完成并得到提高，激发学生的学习动力和探究欲望。然而，如果任务的难度超出了学生的能力范围，例如PPT的制作超出了他们的技术水平，与学生的发展水平不匹配，反而会阻碍学生学习、降低学生学习兴趣。因此，教师在设计任务时应注意确保任务的难度适中，以

促进学生的有效学习和成长。

（3）形式多样

任务型教学法中任务设置应该具有多样性。由于学生的发展水平和个体差异，教师需要根据学生的实际情况和需求，选择多种不同形式的任务来激发学生的学习兴趣和提高他们的参与度。多样化的任务设置有助于活跃课堂氛围，改变传统的教学方式，促进学生的个性化发展和思维能力的提升。同时，教师也应不断创新教学方法，适应学生的需求变化，使教学过程更加生动有趣。例如，在对"辛亥革命"知识点进行检查时，可以采取以下任务设置方案：

表 4-4　"辛亥革命"知识点任务设置方案

1	在练习本上逐条列举辛亥革命的知识框架。
2	用思维导图的形式画出辛亥革命的知识框架。
3	将表格中有关辛亥革命的知识点填补完成。
4	举手抢答辛亥革命的知识点，每答一条小题加一分。
5	做课后练习题。
6	情景剧判断对错。
7	背诵知识点接龙活动。

（4）体现文学素养

教师应该注重自身的专业知识水平，并不断积累素材、提升自身文学素养。教师的文学素养对于任务设置的高效性和深度具有深远的影响。有时候，简单地加入一句古诗词就能赋予任务设置更深层次的意义。比如，在讲述"明至清中叶的经济与文化"专题时，可以设计以下任务：

表 4-5　"明至清中叶的经济与文化"方案

1	"盛世新气象"因何而新？
2	"盛世大困局"因何而困？
3	为什么用"夕阳无限好，只是近黄昏"来描述当时的社会经济？

教师通过从"盛世新气象"和"盛世大困局"两个方面来解析本专题，让学生了解在明清经济文化繁荣的背后存在着制度僵化和经济固化的问题。这种对比有助于学生打破既有思维模式，培养唯物史观，促进学生历史核心素养的发展。最后一个任务则通过"夕阳无限好，只是近黄昏"这句诗词来形象描述明清经济的衰落局面，从而使学生更直观地理解明清经济繁荣背后的危机。

（5）做好预备工作

教师在设置任务之前，需要充分预测任务的进程、难度和效度。如果任务执行过程中出现与预期不符的情况，教师需要及时应对。在任务设计之前，教师首先应对学生的学情进行充分分析，以便最大程度地贴合学生的学习需求。任务设置的难度应该适中，既不能太难使学生无法完成，也不能太简单以至于无法激发学生的学习兴趣。因此，教师需要制定合理的预备方案，并具备应对突发情况的能力。

举例来说，如果教师要安排学生去博物馆学习史料和器物，就需要提前安排好行程时间，确保学生的安全。教师还需要对学生的出发时间、交通工具、路线、目的地、活动时间和费用等进行详细规划，并向学生提出明确的任务。学生回来后，教师还需要对学生任务完成情况进行检查和评估，确保他们真正学到了知识。

（6）注重探究性

教师在设计任务时应该注重设置多样化的探究性任务，以激发学生的探索欲望和解决问题的能力。任务型教学法的核心目标之一就是增强学生的问题解决和分析的能力，尤其是史料分析和图表解读能力。因此，教师设计的探究性任务应该能够引导学生深入分析史料背后的含义，并最好能够与社会热点和实际问题联系起来，使知识性和实践性得到统一。

举例来说，在学习"辛亥革命"这一历史事件时，教师可以设置以下探究性任务：

第一，就辛亥革命的导火索、爆发原因以及影响因素展开探究，分析其深层次的社会、政治和经济原因。

第二，进一步探讨辛亥革命对中国社会和政治格局的影响，以及对后续历史发展的启示。

第三，结合当今社会和国际形势，探讨中国革命的历史经验对于当代中国的意义和启示。

这样的探究性任务可以帮助学生更深入地理解历史事件的背景和意义，同时培养他们分析问题和解决问题的能力。

（7）任务的设置要能够培养学生的历史思维能力

教师在设计任务时，应该着眼于培养学生的历史思维能力，使任务能够真正反映历史学科的特点，并致力于激发学生的历史思维潜能。如果任务设计缺乏引导学生进行历史思维的训练，仅仅停留在简单的了解事实和回答问题的层面，那么学生的思维可能会被限制，无法真正实现历史思维能力的培养。因此，教师在初中历史教学中应该更加关注如何培养学生的历史思维能力。在这个背景下，巧妙设置任务显得尤为重要。

例如，在讲"戊戌变法"这一课的时候，可以给学生设置开拓思维的任务，即小组合作讨论完成以下任务：

表 4-6 "戊戌变法"小组合作任务设置

1	假如你是当时在京参加考试的举人，你会冒着"士人不得干政"的禁令在上书上签字吗？
2	如果你来给皇帝上书，你将会如何来挽救危亡呢？

本课设置的任务是开放性问题，不能简单用"对""错"来评价。这对初中学生来说可能会有一定的难度，因此教师需要合理分组，引导学生进行课堂讨论，并认真评价每个学生的回答。完成任务后，教师应引导学生认识到康有为、梁启超等中国先进知识分子所体现的"天下兴亡，匹夫有责"的

担当精神和爱国情感，体悟他们的报国热忱。正是这些先进知识分子和仁人志士的共同努力和无私奉献，推动了社会的不断进步。学生若能从当时的角度去思考问题，就能深刻感受到他们的付出，进而产生敬佩之情。这样的教学方式有助于培养学生的爱国情感和责任意识，符合教学目标的要求。

3. 自主学习，完成任务

在任务型教学法中，在完成任务的过程中需要给予学生独立思考的机会。一旦任务布置完成，教师应让学生独立或小组合作完成任务，包括搜集资料和解决问题。如果学生在这个过程中遇到难题或疑惑，可以向老师或其他同学请教。任务型教学法注重以实际任务为中心，激发学生的问题求解动机，鼓励他们积极探究课程内容和资源。这种方法不仅能够完成任务，还能激发学生学习的积极性，培养其独立思考和辩证分析问题的能力。在整个教学过程中，学生的主体性和个性化得到了充分的体现，有利于培养学生的创新精神。教师应充分信任学生的探究能力，给予他们足够的时间和空间进行任务活动。需要强调的是，尽管任务型教学法倡导自主学习，但并不意味着学生可以完全自由活动。学生完成任务的过程需要教师的指导检查，并遵循一定的程序规则，按时完成任务，以确保任务的质量和效果。

（二）任务型教学法的原则

任务型教学法在初中历史教学中的实施不是盲目的、无组织的，而是有确定原则的。其教学模式必须遵循一定的教学原则，有特定的教学流程。其原则，具体体现为以下几个方面。

1. 价值性原则

所谓价值性原则，指的是任务型教学法在初中历史教学中对学生的历史知识理解能力、创造性思维能力以及历史核心素养等方面应具有重要的教育价值。任务型教学法的应用能够真正提升学生的学习水平，促进历史教学方式的多样化，对于初中历史教学具有显著意义。

在教学实践中，一些教师在应用任务型教学法时未能深入探究，任务设置过于简单或者过于复杂，导致学生对任务的认可度不高，甚至失去了教学法的本质意义。因此，在选择任务型教学法时，教师应充分考虑任务的价值和意义，选择对学生有最大价值、最重要意义的任务。

同时，任务型教学法的实施需要考虑历史学科教学内容与教学方式的契合程度，以确保教学效果达到预期。教师在应用任务型教学法时，应认真思考任务对学科教学发展和学生成长需求的实际贡献，以此来决定任务的设置和教学方式的选择。

2. 目标性原则

任何一节课的教学设计都需要有明确的教学目标。教学目标是教学全过程的导向，是教师进行教育活动的行动指南，同时也是评价、检验学生学习效果的依据，以及学生学习活动的目标。对于教师来说，明确的教学目标能够有效地指导教学活动的组织和实施。选择适当的教学内容、媒体和方法，并采取合适的教学结构模式，有助于逐步实现教学目标。

为了保证任务设置与教学目标的一致性，教师在设置教学目标时应该将总目标分解为具体的阶段性目标，并将每个学习模块的内容细化为易于掌握的任务。这样可以使学生在学习过程中有明确的方向和目标，能够有计划地进行探究和学习。在确定学习方向和目标的同时，教师设置的任务也应更加具体，更符合课程标准和学生的发展需求，以确保教学活动能够达到预期的效果。

3. 问题性原则

任务型教学法的核心在于任务驱动教学，学生在特定的教学任务推动下，通过自主合作探究来获得知识能力或技能。在这个过程中，任务所承载的问题起着关键作用。问题性原则强调了以问题为抓手在任务型教学法中的重要性，将学生置于问题情境中，通过问题引导学生逐步完成任务。

问题性原则要求教师精心设计问题，让学生在解决问题的过程中充分利用各种教学资源,激发学生的学习动力和兴趣。教师可以通过提出问题或引导学生提出问题的方式,给学生教授解决问题的方法和技巧,并帮助学生培养历史思维、逻辑推理能力和深入学习的能力。

4. 过程性原则

在任务型教学法的实施中,过程性原则是至关重要的。这一原则强调了在教学过程中不仅要关注学生的学习成绩,还要重视他们在学习过程中的表现、感受和体验。过程性原则提倡教师根据课堂教学记录,关注学生在学习过程中的各个方面,包括他们的态度、行为表现以及参与活动的状态、进展与成效。通过形成性评价,教师能够更好地了解学生的学习情况,及时发现问题并加以解决,从而不断优化教学设计,提高任务型教学的效果。

在历史教学中,过程性原则尤为重要。在教学过程中,教师不能仅仅凭借学生的学习成绩来评价其优劣,而应该积极关注学生在完成任务过程中所展现出的态度和行为表现。这种关注不仅有助于教师更好地了解学生的学习情况,还能够发现学生在任务完成过程中的闪光点,促进学生的全面发展。因此,过程性原则兼顾了学习过程和学习结果,强调在教学过程中注重对学生全面发展的关注,而不是仅仅关注最终的学习成绩。

同时,过程性原则并不意味着完全忽视学习结果这种终结性评价。相反,它要求教师将过程性评价和结果性评价相结合,加大过程性评价的比重,从而更好地指导学生的学习。在任务型教学法中,学生在完成任务的过程中是否真正落实了教学的各个环节,都是需要通过过程性评价来验证的。只有通过这样的评价,教师才能更好地指导学生,提高其解决现实问题的能力,并在学习过程中及时反思总结,实现教学目标。

5. 可操作性原则

可操作性原则在任务型教学法中具有至关重要的地位。这一原则强调了教学任务的设置必须切实可行,能够在课堂教学环境中真正实施和落到实处。教师设计的任务应该明确、具体,并且与当前的教学条件相符合。任务必须考虑到学生的生活范围和实际经验，以便学生能够在熟悉的场景中运用旧知识建构新知识。为了确保任务的可操作性，教学过程应该尽量简洁，避免环节过多，确保所需的资料和设备在学生能够接受的范围内，并且要注意学习内容和操作细节的清晰性和易理解性。

教师在设置任务之前，必须对任务的适切程度和方案的可行性进行充分的评估和衡量。这意味着教师需要了解学生的学情，包括他们的知识掌握程度和思想动态，以及内心的需求和发展阶段。只有针对性地设置切实可行的任务，才能够有效地引导学生的学习，并保证他们能够按时、按质地完成任务。此外，教师还需要全面分析教学内容，了解课标的教学目标要求，并且灵活运用多样化的教学手段和多种教学资源，在满足学生的学习需求的同时提升教学效果。

坚持可操作性原则是任务型教学法能够顺利实施的根本保障。只有确保教学任务的可行性和可实施性，才能够保证教学过程的顺利进行，达到预期的教学效果。因此，在任务型教学法的实施中，教师需要充分重视可操作性原则，将其作为教学设计和任务设置的基础和前提，以确保教学工作的顺利开展和学生的学习效果。

三、故事化教学法

教师将故事引入初中历史课堂之中，能使课堂教学生动活泼，便于学生理解，使学生的记忆更深刻。

（一）故事化教学在初中历史学科中的应用原则

1. 准确性原则

中国是一个有着几千年悠久历史的文明国家，因此，在初中历史课堂中，教师必须重视历史讲述的准确性。历史是一个建立在无数人类活动之上的学科，学生通过了解历史，可以了解整个世界的演化和发展历程。然而，中学生常常会接触到许多不准确的"野史"。如果教师在历史课堂上引入了这些不准确的历史情节，就会扭曲学生对历史文化的认知，并将这些错误的历史观念延伸到他们今后的知识体系中。

因此，教师在历史教学中应注重选择已经得到考证的历史事实和故事，以提高学生对历史理解的准确性。教师在应用历史故事时，应着重避免流传甚广但并未经过验证的历史观点和事件，避免误导学生。相反，教师应选择那些得到可靠考证的历史事实，以确保学生所学的历史知识的准确性。

为了确保历史讲述的准确性，教师应该不断学习和更新自己的历史知识，并注重学术研究的深入。只有准确掌握历史事实，教师才能在课堂上传递给学生准确的历史信息。同时，教师还应鼓励学生对历史进行独立思考和批判性评估，培养他们对历史呈现的敏感度和质疑精神，以便能够区分历史事件中的事实和虚构，理解历史真相的复杂性和多样性。

2.趣味性原则

趣味性原则在历史教学中扮演着重要的角色，旨在提高初中生对历史学习的积极性和参与度。教师在讲述历史故事时，应特别关注历史故事的趣味性，使学生在学习历史知识的过程中既能够获得知识，又能够感受到乐趣。历史故事本身的吸引力可以激发学生对历史的兴趣，让他们更加主动地学习和探索。

另一方面，教师在历史教学中还应注重讲述内容的趣味性。尽管许多历史事件具有丰富的文化内涵和启发意义，但是单调的知识灌输方式难以调动学生的学习兴趣。为此，教师需要注意如何将历史知识呈现得更加生动有趣。除了注重故事情节的生动性外，教师还可采取多样化的教学策略和媒体手段，如配图、视频、小游戏等，增加课堂内容的趣味性和互动性，激发学生的好奇心和求知欲。

在初中历史课程中，一些教师可能倾向于采用传统的灌输式教学法来介绍历史知识点，这种单调呆板的教学方式已难以满足当前初中生的学习需求。因此，教师应积极探索符合学生认知特点和学习需求的教学方法。通过赋予历史故事更多趣味性，例如情节设置、角色塑造、细节描写等，教师可以激发学生的学习兴趣，提高他们的参与度和学习效果。

除了故事情节的设置外，教师还可以运用肢体语言、声音变换、道具搭配等形式，来增加课堂教学的趣味性和生动性。通过多种教学手段的巧妙运用，教师可以使历史课堂更具活力和吸引力，激发学生对历史的好奇心和学习动力。因此，趣味性原则的应用不仅能够让历史知识更易被学生吸收，也能够提高学生的学习效果和自觉性，为其历史学习之路增添更多精彩和乐趣。

3. 针对性原则

针对性原则在历史教学中具有重要的意义。教师在运用历史故事进行教学时，必须符合历史事件的针对性原则。这是因为许多中学生的历史理解能力和历史知识储备量相对较低，一旦教师给予他们一个具有厚重历史内涵的历史事件，可能无法达到预期的学习效果，反而会分散他们的注意力。

同时，初中学生历史教学的一个主要目标是通过历史事件教学培养他们的历史时间观和历史人生观。因此，在运用历史事件进行教学时，教师必须特别重视学生对历史人物的认知。教师应引导学生根据历史事件进行分析和思考，以帮助他们建立更为完善的历史价值观。这将有助于培养学生的历史学科核心素养，使他们在历史学习中能够形成更深刻和准确的认识。

教师可以根据学生的年龄特点和学习需求，选择与他们学习进度和认知水平相适应的历史事件和人物进行教学。在选择历史故事时，教师可以根据学生的兴趣和实际情况进行删减和调整，确保故事内容符合学生的年龄特点和认知水平。此外，在讲述历史故事时，教师可以通过提问、讨论和启发学生的思考，引导他们理解历史事件的背景和意义，并引发他们对历史人物的

思考和感悟 ①。

4.尊重学生主体地位原则

尊重学生主体地位原则在初中历史教学中具有重要意义。教师应意识到中学生是课堂的主人，应该注重增强他们的自主学习意识，引导他们积极参与和投入教学活动中。

尊重学生主体地位原则要求教师关注学生的学习需求和特点，倡导以学生为中心的教学理念。讲述历史故事作为一种教学手段，不仅可以激发学生对历史的浓厚兴趣，还能有效提升教学效率。通过引入生动有趣的历史故事，教师可以在课堂上激发学生的好奇心和求知欲，使学生更加主动地参与到历史学习中。历史故事具有生动的情节和鲜活的人物形象，能够吸引学生的注意力，帮助他们更好地理解历史事件和人物，并激发他们对历史的深入思考和独立见解。

在运用历史故事进行教学时，教师可以设计丰富多彩的教学活动，如小组讨论、角色扮演、案例分析等，让学生在互动中积极思考，提高他们的问题解决能力和批判性思维。同时，教师还可以根据学生的学习风格和兴趣爱好，灵活选择适合他们的历史故事内容，让学生在轻松愉快的氛围中感受历史的魅力，达到学以致用的目的。

尊重学生主体地位原则的贯彻执行可以构建和谐的师生关系，激发学生的学习潜力，培养其独立思考的能力和学习自觉性。通过呈现生动有趣的历史故事，教师可以让学生在探索历史的过程中获得成就感和快乐感，帮助他们建立积极向上的学习态度和历史学科价值观，从而实现教育的最终目标，为学生成长成才打下坚实基础。

---

① 吴春敏.浅谈历史故事教学法在初中历史教学中的应用[J].学周刊，2020（32）：119–120.

（二）故事化教学在初中历史学科中的重要性

1. 激发学生学习兴趣

学习历史故事具有深远的教育意义，可以帮助学生吸取先人的成功经验，认知社会和认知自我。通过以史为鉴，学生可以在了解社会历史事实的同时，领悟历史事件背后的含义与启示。在课堂教学中，教师可以引入一些具有代表性的历史人物如大庆油田职工王进喜、"两弹"元勋邓稼先、县委书记焦裕禄等进行探讨，他们为社会主义现代化建设做出了伟大贡献。通过这些真实人物的故事，教师可以激发学生的学习兴趣，使他们感受到他们的良好品格和无私奉献的精神，从而为他们树立榜样，激励他们积极向上。

教师利用历史故事来教育学生不仅比一般的说理更有说服力，还更能触动学生的内心。中国文化源远流长，其中包含着丰富的历史故事、传奇故事和成语故事，这些都反映了中华民族的优秀品质和时代精神，蕴含着独特的教育价值。通过学习这些故事，学生可以更好地领会做人处事的原则，理解生活中的道理，并培养起对社会、家庭和个人的责任感。历史故事不仅可以传承优秀文化传统，也可以激发学生的民族自豪感和归属感，促进他们形成积极向上的人生态度，拥有更加深厚的文化底蕴和情感认同 [1]。

2. 提升教师"教"与学生"学"的能力

教与学都以"做"为中心。但历史教育的终极目的仍然是教育，中学生的社会历史文化思想方法还不够完善。烦琐的历史常识以及深奥的历史概念使学生觉得不易掌握和记忆。教师要合理使用每节课的四十分钟，将零碎的历史知识点简短、生动有趣地串起来，或者组织中学生按照自身对历史事物的认识设计思维导图。这有利于初中生思维的发展，达到"教"与"学"为"做"服务的目的 [2]。

---

① 王军. 论故事化教学在初中历史教学中的应用 [J]. 教育现代化: 电子版, 2016 (7): 87.

② 祝冬梅. 探究历史故事在初中历史教学中的作用和意义 [J]. 汉字文化, 2017 (21): 44–45.

（三）故事化教学在初中历史学科中的应用策略

1. 课前导入历史故事

为了充分调动学生的积极性，教师应该在"课前讲解"这方面下功夫。历史的核心是对过去事物本身所产生的重大事件的描述，通常带有强烈的故事性。教师也可于课中引入生动有趣的故事，以引起学生的关注。例如，在讲"三国鼎立"时，教师可以引入大家都熟知的小说《三国演义》。而教师讲这节课时，还可以向学生介绍关羽"过关斩将"的故事，激发学生学习的兴趣。

2. 利用故事强化记忆

在初中历史教学中，历史知识的讲解是至关重要的一环。学生通过了解历史知识，能够建立和完善知识结构，从而提升对历史事件的认知水平。然而，由于历史事件发生的年代较为久远，初中生往往难以深刻记忆这些抽象的历史概念和事件。为了帮助学生更好地掌握历史事件的过程，教师可以通过引入历史故事的方式进行引导，让学生通过故事情节来理解历史事件背后的内涵，从而形成完整的认知系统。

以"春秋战国的纷乱"为例，教师在课堂中介绍"尊王攘夷""朝秦暮楚""围魏救赵"等情节，旨在帮助学生了解战国时期各方的谋略和角逐。通过生动的故事情节，学生可以更加直观地感受到历史事件的复杂性和时代背景，从而使历史知识更加生动、易于理解。教师还可以在讲述历史故事时设置一些悬念，激发学生的好奇心和求知欲，促使他们自发性地进行深入学习和探究，进一步加深对历史事件的理解与掌握。

通过利用故事强化记忆的方法，教师可以激发学生的学习兴趣，提高他们对历史知识的记忆深度和广度。通过互动式、趣味性的教学方式，学生不仅能够理解历史事件的逻辑与内涵，还能够在自主探索中加深对知识点的记忆，培养他们独立思考和问题解决的能力。

3. 激活探究思维

在历史课程中，教师可以充分利用学生对新奇的历史事件和故事的兴趣，通过问题驱动的方式激活学生的探究思维。教师可以以问题形式与学生进行交流，结合故事情节，激起学生对问题的探究兴趣。学生往往需要进一步深入研究课本，或者走出课本，借助互联网或历史书籍寻找答案，从而促使他们在一定程度上进行自主学习和探索。教师可以凭借创新的眼光寻找故事主题，通过故事启发学生思考，让课堂成为学生探索的乐园，从而实现故事教育的提升。

以"秦一统中国"为例，教师可以利用相关历史故事如"桂林米粉来源"作为引子，吸引学生的注意力。这样新颖的历史故事也能够冲击学生的思维，让他们意识到历史故事是如此有趣，并主动投入学习中。在有关北宋的教学中，教师可以先向初中生介绍"黄袍加身"的情节，然后引导学生思考"北宋的政策与秦朝、汉朝、唐朝等朝代相比有什么不同之处？"初中生回答这些问题可能有一定的困难，想要得到答案就必须深入研究教材。同时，教师还可以指导学生走出课本，主动查阅相关资料，以扩展学生的历史知识，提升他们的历史素养。

通过激活学生的探究思维，教师可以使课堂变得更加有趣和有意义。学生在探究过程中将会发现历史故事的吸引力，从而自发地求知，并积极主动地学习。这种教学方法不仅能够提高学生的学习积极性和参与度，同时也能够让学生形成良好的自主学习能力和独立思考能力。

4. 创设情境教学

教师还可以创设情境进行教学，使历史教学更有魅力。情境教学法的形式很多，既可以改编短剧、相声等，也可制作戏剧，并由同学分组出演，从而缩小了历史故事和真实人物之间的距离，使学生能够"穿越"时空，亲身感受历史人物的生活，从而加深对历史文化的认识。同时，教师还可以全程介入教学，发挥指导、监控的功能，避免学生曲解史料，从而促使学生进一步掌握历史知识，激发学生学习的积极性。

5.突破难点知识

初中历史教师在选择历史事件时，必须考虑符合中学生的认知水平，因为如何调动学生的积极性并顺利攻克历史教学的难点对教师来说是一项挑战。教师需要转变教育思想，改进教学方法，以有效应对教学中的难点。以"罗斯福新政"教学为例，该节课的重点是让学生理解罗斯福新政所带来的社会冲击，这对学生来说具有一定难度。

为了帮助学生攻克这一难点，教师可以向学生介绍当时美国的情况，比如国民收入的变动、企业效益的变动、工业生产状况等。通过将罗斯福新政带来的社会冲击形象化和具体化，使得学生更容易理解和把握相关内容，从而轻松攻克这一学习难点。通过这样的教学方法，教师可以帮助学生建立更具体的认知框架，促进他们对历史事件的理解和思考。

在课堂活动中，如果历史教师能够精心选择合适的历史事件，并针对难点进行有针对性的教学指导，就能有效激发学生的学习兴趣，活跃课堂气氛，帮助学生迅速而有效地获取信息。通过引导学生深入了解历史事件的背景、影响和意义，教师可以帮助学生建立起系统而深入的历史认知，促进其历史素养的提升和发展。

6.做好自学指导

在初中历史课堂教学中，除了注重提供良好的课堂学习体验外，教师还应强调课后拓展自学指导，为学生提供自主学习的指导和支持。在课堂即将结束时，学生可能已经疲惫不堪，教师可以通过讲一些历史小趣事来放松学生的学习状态，同时补充课堂教学内容，并为学生的课后探究提供方向。

例如，在学完与秦始皇统一中国相关的内容后，教师可以在课堂结束时为学生讲一些关于秦始皇的有趣故事，让学生对秦始皇这一历史人物有更全面的认识。随后，教师可以建议学生自行搜集更多关于秦朝的故事，进一步加深学生对秦朝的理解与认知。通过这样的引导和指导，教师可以使学生更积极地进行自主学习，拓展他们的历史知识，提高他们的学科核心素养。

四、差异性教学法

（一）差异性设计教学目标

教学目标的概念就是，在教师进行教学的过程中，希望达到的最终目的以及效果的尺度。这既是教师教学的追求，也是宏观角度上对教师教学内容的总体引导与约束。更是一个国家教育理念的具象化体现以及实现方式。

1. 初中历史教学的基本目标

初中历史教学的基本目标是促进学生的全面发展和有效的学习体验。教学目标的正确设置对课程设计至关重要。在确定总体教学目标时，需要考虑学生的个体差异和课程特点，并在尊重学生的差异性的基础上为教学提供灵活可操作的空间。在不同时间和不同课程中，需考虑学生的差异化需求，制定具有自由度的教学目标。教师应根据学生的需求进行灵活的课堂设计，甚至根据每个班级和学生的不同，采取不同的教学策略和评估方式，以挖掘学生的潜能、促进其全面发展。

然而，并非所有课程都可以完全独立，因此教学大纲应成为目标设计的指导原则。在考虑知识水平时，学生需要达到基本的要求，即教学大纲所规定的最低标准。在此基础上，可以进一步培养学生的自主能力，并充分发掘他们的潜力。设定过高的教学目标会给学生带来较大的压力，限制学生自由发展的空间，并可能打击缺乏兴趣或学习能力较弱的学生的学习信心，导致其失去学习动力。因此，在确保基准水平不变的情况下，应持续提高学生的综合能力，同时不能让学生失去学习的信心，努力实现知识水平与个体能力发展之间的良性平衡，帮助学生实现全面发展和综合素质的提高。

2. 初中历史教学的提高目标

在初中历史教学的目标提高方面，除了完成教学大纲规定的基本知识要求外，需要进一步强调学生的历史理解能力和探索能力的培养。学生不仅应当熟练掌握历史知识，更重要的是能够深刻理解和积极探索历史事件及其背后的深层含义。为此，可采取分层和分类的教学方法，通过设定丰富多样的学习目标，拓展学生的认知边界，提高其历史学习的上限。此外，注重培养学生的综合素质，包括思维能力、创新能力和批判性思维，以使学生在历史学习中获得全面发展。

具体而言，在教学目标的设计上，可以引导学生对历史事件进行个性化解读，并鼓励他们不拘泥于固定答案，而是通过开放式探讨和表达展现个性化见解。营造宽松、开放的学习氛围，促进学生的个性化发展和独立思考能力的提升，激发学生学习历史的热情。同时，建立多元化的评价和考核机制，激励学生超越自我，不断探索历史学习的边界，发挥学生的探索精神和创造力。

3. 初中历史教学的发展目标

最近发展区理论为中学历史教学的发展目标的编制提供了重要的指导。该理论表明，学生的发展水平存在实际达到的水平和潜力发展区两种标准。教育引导对学生的发展至关重要，通过深入剖析最近发展区理论并将其运用到实际教学中，有助于挖掘学生的发展潜力。著名心理学家维果茨基提倡通过小步快跑的方式，让学生逐渐接近自身潜力的上限，最终将潜能转化为实际发展水平，从而激发学生的潜力。

基于这一理论，中学阶段的历史教学应设定需要学生努力才能达到的目标，既不超出大纲要求太远，也不能过于简单。通过自由选择和挑战学生发展的过程，激励学生挖掘更多潜力，促进他们独立学习能力和综合素质水平的提高。在潜力扩展和目标达成的"艰苦"过程中，激发学生的挑战欲望、积极性和热情，从而培养他们成为合格的现代公民。

（二）差异性设计教学方法

在过去的教学中，往往采用的都是填鸭式的或者是漫灌式的方式，将知识一股脑儿灌入学生脑袋里，学生只知道死记硬背，对于知识的掌握仅仅停留在表面，理解往往不足，最终必然会导致知识传授的效果也不好，学生必须投入更大的精力去学习，才能够顺利掌握相关内容。这时，就需要利用差异性教学的优势，为不同个性特征的学生，设计适配度较高的教学内容，满足学生不断变化的需求。

1. 创设历史知识讲授的情景化

历史教学的情景化讲授有助于激发学生的学习兴趣和积极性，并使教学内容更加生动有趣。历史作为一门相对复杂的学科，在教学过程中往往容易让学生感到乏味和单调。因此，教师在教学设计上需要尽可能丰富教学内容，提高学生的参与度和学习互动性。

一个具体的例子是，在讲述远古时期的历史时，如火的发现与运用，可以通过现代新媒体技术来丰富教学情境。教师可以利用影视资料或其他类似的新媒体手段，直观地呈现当时猿人的生活状况以及他们发现和运用火的过程。这种情景化教学方式可以帮助学生更好地理解历史事件，并培养他们自主探索和延展性思考的能力。学生在轻松、直观的教学环境中更容易接受知识，更容易理解整个历史事件的前因后果。同时，这种教学方式不仅保护了学生的学习热情，也能让学生更轻松地掌握相关知识。

通过创设历史知识讲授的情境，教师可以激发学生的好奇心和学习兴趣，使他们更加积极主动地参与到学习过程中。这种情景化教学不仅让学生从视觉、听觉上直接感受历史情境，还鼓励学生以更多元的方式思考问题，并从中获得更深入的理解。通过情景化教学，学生能够将所学的知识与实际情境相连接，增强知识的实际应用价值和记忆效果。此外，情景化教学还能培养学生的观察力、分析和解决问题的能力，提高他们的综合素质。

2. 人员分组聚合思想的多样性

在学生间的互动学习过程中，沟通是至关重要的一环，也是促使学生快速、自然地学习的重要方式之一。因此，在差异性教学中，让学生分组进行讨论是一种非常适合的方式。通过将学生划分为几个小组，并设立不同的知识场景，教师可以让学生像远古聚落中的个体一样，在各自的小组内展开讨论。然后，根据讨论结果进行竞赛，对表现优异的个体或组织进行奖励。在这个过程中，教师可以引导小组内的讨论，并通过小组间的交流互动，促进同学们对于同一问题的多角度分析和理解。

通过这种分组聚合的方式，学生得以主动参与课堂讨论，在竞赛制的激励下展现出更高的学习热情和积极性。此外，这种互动模式有助于提升学生的沟通能力、团队合作精神和批判性思维能力。学生们在小组内讨论问题时，可以从不同角度出发，交流意见，挑战思维，并通过碰撞产生新的想法和见解。同时，学生们也能通过小组间的比较和总结，拓展对历史事件的全方位理解，培养批判性思维和综合能力。

3. 营造平等互动的交流氛围

在过去的教学中，教师往往扮演着主导者的角色，学生则处于被动接受知识的状态，师生之间的互动和交流相对单薄。这种教学形式对学生深入学习和理解知识内容造成了一定的不利影响。为了改变这种现状，需要通过改变教学模式，打造师生间平等互动的交流氛围，从而促进学生的全面发展。

教师与学生之间需要建立更多元化的沟通渠道，不仅在课堂内展开互动，还应在课程外进行拓展性的互动交流。通过这种方式，教师可以更全面地了解学生，不仅了解其学习能力，还能更深入地了解学生在其他方面的特点和需求。由于历史本身具有较强的延展性，教师可以利用历史故事或人物来激励学生，帮助他们解决生活和学习中的困扰。通过将历史与现实相结合，让学生更深刻地理解历史事件背后的现实意义，从而对他们的生活产生更大的帮助。

针对学习能力较弱的学生，教师可以降低要求，多鼓励，激发其学习热情。通过个性化的教学方式，帮助这些学生更好地理解和掌握知识，从而提升他们的学习成绩和自信心。重视每个学生的个体差异，尊重每个学生的学习需求，是营造平等互动的交流氛围的关键。教师应通过细致入微的关怀和指导，为学生提供更广泛、更深入的学习支持，帮助他们树立自信心、培养独立思考能力，最终实现全面发展。

4. 创设轻松自由的课堂环境

为创设一个轻松自由的历史课堂环境，教师需要注重历史与现实之间的联系，引导学生理解历史事件背后的智慧，并激发学生学习历史的浓厚兴趣。历史是一门涉及广泛的学科，教师有责任让学生感受到历史与现实的紧密关联，从中获取启示和智慧。通过引导学生学会以史为鉴，将历史智慧融入日常生活中，培养学生积极应对现实问题的能力，从而使历史学习更有意义。

传统的教学方法难以唤起学生对历史课程的热情，因此学生的自主学习意识可能不够强烈。但通过呈现历史知名人物的事件，学生将更深入地了解各国历史和不同领域的知识，有助于开阔学生的视野和增长知识面。通过展示历史人物的经典事件，可以让学生在学习过程中感受历史的魅力，激励他们对历史内涵和背景进行深入探索，激发他们对历史的热爱与好奇心。

在轻松自由的课堂氛围里，教师可以借助多样的教学资源和创造性的方式，让学生享受到历史学习的乐趣。通过与学生互动、讨论，促进学生间思想的碰撞和交流，激发出更广泛的思考和更丰富的想象力。同时，利用多媒体技术等现代工具，让历史内容变得更加生动、形象，帮助学生更好地理解和吸收历史知识。

5. 创设动态开放的课堂

在学生的差异性需求越来越丰富，且历史这一学科涉及的知识面、信息越来越广泛的情况下，教师需要不断优化教学模式，使其具有动态变化性，在更符合学生学习习惯的情况下进行教学模式的调整，吸引学生不断提高学习兴趣，在沉浸式的学习中不断提高知识掌握程度。具体而言，教师可以通过更多的新媒体手段或活动的形式，加深学生对知识的全方位理解。帮助学生不断加强对历史学科的兴趣。[①] 这也同样是课程改革背景下对课程的整体性要求，历史学科应当坚持以学生为本，根据学生视角下的思维兴趣等，开展教学活动。

（三）差异性设计教学过程

教学设计的过程可以简单概括为前期分析、目标编制、过程设计以及评价反思四大阶段，具体包括：

1. 教学设计前期分析阶段

在进行教学设计时，前期分析阶段至关重要，其中包括学习者分析、教学内容分析、学习需求分析以及学习背景分析。这些分析工作旨在全面了解学生的特点、教学目标、学习需求和学习环境，为后续的教学设计提供有力支持：

（1）学习者分析

学生是教学的核心对象，其差异性特征对于个性化、差异化教学至关重要。通过详尽的学习者分析，可以了解学生的学习能力、感官特点、社交水平、学习风格等方面的特点，为后续教学设计提供基础和方向。

（2）教学内容分析

教学的目标是促进学生的学习，因此对教学大纲所要求的知识内容进行系统分析是必不可少的。通过深入剖析教材、教学大纲和新课标，可以明晰教学目标，有针对性地提炼核心内容，转化为具体的教学设计。

（3）学习需求分析

学生的学习水平和需求存在差异，教学设计应充分考虑这种差异性。通过分析学习水平、学习习惯、学习诉求等方面的区别，寻找平衡点，保障教

---

① 史剑兴. 初中写作差异性教学策略研究 [D]. 安徽师范大学, 2013.

学内容个性化、差异化，以满足不同学习者的需求，提高教学效果。

（4）学习背景分析

学习背景包括教育资源、基础设施等，是教学环境中难以改变的因素。通过对教学资源的深度剖析，可以最大限度发挥现有资源的优势，为后续教学方法的灵活运用奠定基础。

2. 教学目标编制阶段

教学过程的基本任务就是完成教学目标的传授，这一过程必然是要完整地体现在教学的所有环节内的。这也是教学设计过程中绕不开的、必须考虑的核心关键点，围绕教学目标展开的多元教学内容设计，是差异化教学实施的重点之一。

（1）确定教学目标

教学目标在教学设计中起到了至关重要的作用。为了使学生能够全面掌握学科知识，教学目标应该具备全面、多样的要求，不仅要求学生了解和记忆相关知识，而且需要促进学生综合素质的全面发展。基于新课标的要求，教学目标可以围绕知识层面、学习方法和个性化态度三个层次来设置，以实现多元教学的自主发展和探索。

在设置教学目标时，首先要考虑知识层面。教学目标应涵盖学生对学科知识的掌握和理解。这包括基本事实、概念和原理的掌握，以及相关理论知识和分析能力的培养。通过设定明确的知识目标，帮助学生建立牢固的知识基础，并将其应用于实际问题的解决过程中。

其次，教学目标还应关注学习方法的培养。学生在学习过程中需要学习一系列的方法和技巧，以提高他们的学习效果和自主学习能力。教学目标应侧重于培养学生信息获取、分析和整合的能力，以及解决问题和批判性思维能力。通过设定合理的学习方法目标，帮助学生逐步形成有效的学习策略，并具备独立学习的能力。

教学目标还应注重个性化态度的培养。教育不仅要关注学生的认知层面，还应注重学生的情感和态度发展。教学目标应促进学生形成积极的学习态度、对学科的兴趣、自主学习和合作学习的意识。通过设定个性化态度目标，激发学生的学习动力，培养他们的学习兴趣和学科素养。

（2）教学目标分层

在教学目标的制定中，可以根据课程标准附录中对五大核心素养的划分进行分层。以下是对各个核心素养的分层：

①唯物史观素养

第一层：学生能够理解唯物史观的基本原理，运用这些原理来分析教材中的观点。

第二层：学生能够运用唯物史观的基本原理来解决新问题，进一步深化对唯物史观的理解和应用。

②时空观念素养

第一层：学生能够明确时空的定位，并理解时空的内涵。

第二层：学生能够总结时空的特征，建立不同时空之间的联系，以及探究时空的规律。

③史料实证素养

第一层：学生能够依据一两则史料，从正面或反面论证一个观点，能够达到例证和互证的程度。

第二层：学生能够依据3则以上的史料，从正面和反面多角度论证一个观点，还能够分析史料的性质，达到复证和辩证的程度。

④历史解释素养

第一层：学生能够对历史事件进行现象性和内涵性的解释。

第二层：学生能够对历史事件进行本质性、联系性和规律性的解释，深入理解历史事件背后的深层次意义。

⑤家国情怀素养

第一层：学生能够对正误观念做出判断，并给出相应的理由支持。

第二层：学生能够将这些理由用于实践分析，进一步加深对家国情怀的认识和理解。

（3）表述教学目标

在传达课程的教学目标时，教师面临着一项复杂而重要的任务。一般来说，将教学目标直接而准确地传达给学生并不是一件容易的事情。然而，在新课标倡导以学生为出发点的基本理念下，教师需要更加直接、清晰地传达教学目标，以确保学生准确理解和把握教学的目的。特别是对一些涉及复杂概念的教学目标，教师更应注重多样性与灵活性的应用，以确保学生能够全面理解教学目标，从而更好地学习。

在教学目标的传达中，教师可以采用多种方法和策略。首先，可以结合实例和案例进行说明，通过具体生动的案例帮助学生理解抽象概念和目标。其次，可以利用图表、图像等可视化工具，帮助学生直观地理解教学目标的内容和关系。此外，教师还可以通过引导性提问、讨论、小组活动等形式激发学生的思考和参与热情，进一步加深他们对教学目标的理解。

教学目标的传达不仅要求教师言传身教，更需要教师精心设计教学环节，创设丰富多彩的学习场景，以引导学生主动参与、探索和领悟目标的内涵。同时，教师要注重与学生之间的互动沟通，在课堂上及时反馈学生对目标的理解情况，帮助他们纠正误区，进一步确保教学目标的传达和理解质量。

3. 教学过程设计阶段

在完成前期的剖析准备过程以及教学目标设置与传达的过程后，就需要进行具体的教学过程设计。在设计规划的过程中，需要注意以下两个方面的内容，包括学习任务的设计和教学策略的设计，具体的过程要点如下。

（1）学习任务的设计

学习任务的设计在教学过程中扮演着至关重要的角色，它不仅是对学生学习过程的引导和总结，更组织和推动了学生的学习活动。学习任务的设计需要紧密结合教学目标，确保任务内容能够明确传达知识要点，并同时考虑学生的实际情况和特点，以激发他们的学习热情和兴趣。在设计学习任务时，应注重以下几个方面。

首先，学习任务的设计要根据教学目标的原则，将知识内容有效传达给学生。任务应贴合学生的实际情况和学习需求，从而激发其学习积极性和主动性，促进学生全面发展。在学习活动设计阶段，需要保证设计多元化且能够反映课程的知识目标，让学生通过各种活动深化自主性认知与探索，丰富学习体验，提高学习效果。

其次，在学习成果的阶段，学习任务设计应注重成果评估的开放性和自主性。学生应有机会从更独立、开放的视角去评估学习成果，激发其批判性思维和创造性思维的发展。这样的设计有助于培养学生的自我管理能力和问题解决能力，从而提高学生的学习主动性和学习效果。

（2）教学策略的设计

在教学设计的过程中，教师扮演着至关重要的角色。通过精心设计的教学策略，教师可以有效地将教学思想和目标融入课程，引导学生达成学习目标。尤其在差异化教学的设计中，教师需要确保学生能够进行个性化学习。

在差异化教学的设计过程中，教师应采取分班、分组、分层等教学模式，以满足不同学生的学习需求。通过细致而差异化的教学策略设计，教师能够更好地应对学生的个体差异，同时平衡总体教学目标和课程要求之间的关系。在教学实践中，教师可以运用多种具体方法，如讲授、谈话、讨论、练习等，为学生营造多样化、丰富的学习环境，激发他们的学习兴趣，促使他们积极参与学习过程。

通过差异化教学策略的设计，教师能够更好地关注每个学生的学习需求，提供个性化的学习支持，促进每位学生的全面发展。此外，差异化教学策略还有助于培养学生的自主学习能力和解决问题的能力，使其在面对多样化学习挑战时能够做出积极应对。

4. 教学评价反思阶段

在教学评价反思阶段，对于教学过程的有效性以及学生学习效果的评估至关重要。通过全面系统的反思评估，可以初步了解学生目前的学习进展和情况，为下一步的教学工作提供指导。在教学结束后的反思评估中，教师需要对前期课程设计和中期教学执行效果进行综合、系统、全面的评估，以调整教学重点、优化教学内容设计方式方法，提高教学实效性。在差异化教学中，这一评估过程显得尤为关键，因为每位学生的基础条件和学习能力各不相同。若发现教学设计不符合学生的差异化需求，效果未达预期，就需及时调整方向，改变教学内容设计重点，进行调整和完善，确保个性化教学与高效教学并重。因此，准确可靠的教学反思和评估对差异化教学的过程至关重要。

在历史学科教学中的评估阶段，除了依据实际条件对学生的知识水平和个人能力进行评估外，还应综合考量学生的自主探索程度和对历史学科的学习积极性等方面。在评估过程中，需要全面、细致地考量模糊概念如态度和积极性，以及学生的情感因素和模糊抽象的发展趋势等。教师在评估学生学习成果时，应充分考虑学生的差异化特点，平衡教师、学校、课程、学生诉求等因素，满足学生综合发展需求。在差异化教学的评估过程中，需考虑多元因素和综合指标，确保评估标准符合学生发展状况，有利于学生综合素质的提高和潜力挖掘。历史学科的教学评估，不仅要关注学生基础知识的掌握程度，更要注重对学生主观参与历史活动、探索知识的能力的评估。教师应引导学生主动参与历史学科学习，挖掘学生的潜力、培养学生的学习积极性，从而全面评价学生的学习成果。

综上所述，教学过程中的反思阶段是差异化教学中不可或缺的环节。通过全面系统的评估，教师可以更好地调整教学策略，满足学生个性化需求，提高教学的实效性和学生的综合素质。在历史学科教学中，教师需要尊重学生个体差异，综合考量多方面因素进行评估，引导学生积极参与学习，激发他们的潜力，实现高效教学与个性化发展的有机结合。因此，在教学过程中，准确、全面的评估和反思对教学的持续优化和学生的全面发展至关重要。

第五章　初中历史教材与辅助资源

第一节　初中历史教材

一、教材的编选原则与流程

（一）教材编选原则

1. 科学性

教材的科学性是教材编选极为重要的原则之一，特别是在历史学科这样一个知识内容广泛、意义深远的领域中，其重要性更加凸显。科学性要求教材内容不仅要与历史学科的学科规律相符，还必须基于历史学的理论和方法，以确保其内容的准确性、权威性和可信度。教材编写者应当严谨对待历史事实和资料，不能随意篡改或歪曲历史事件，更不能带有主观意识形态的倾向性，以确保学生所接受的历史知识是真实可信的。

为了保证教材的科学性，教育界常常委托历史学科领域内的权威专家和资深教师对教材进行编写和审定。这些专家通常具有丰富的学术研究经验和深厚的学科造诣，他们能够对教材内容进行严格的审定和论证，确保其中所呈现的历史知识能够符合学科规律，客观真实地反映历史事实。他们在教材编写过程中不仅会对教材内容进行反复推敲和修订，还会引入最新的历史研究成果和观点，以确保教材内容的前沿性和权威性。这种权威专家的参与不仅能够提高教材的学术水准，还能够增强教材内容的科学性和可信度。

教材编写者还应当严格按照历史学的理论和方法来组织教材内容，确保教材内容的逻辑性和条理性。他们需要从历史学科的研究范畴和视角出发，对历史事件进行科学分析和解读，引导学生树立正确的历史观和方法论。通过合理的教材结构设计和清晰的知识脉络梳理，教材编写者能够使学生更好地理解历史的发展过程和演变规律，从而提高学生对历史知识的把握和理解能力。

2. 客观性

教材的客观性是教材编写不可或缺的重要原则之一。在历史学科的教学中尤为重要，因为历史涉及各种复杂的事件、人物和文化现象，很容易受到主观意识形态的影响。教材的客观性要求教材内容应当客观公正，不偏袒任何一方，不夸大或缩小历史事件的影响，旨在呈现历史事实的真实面貌，让学生从客观的角度去理解历史，培养学生的批判性思维和正确的历史观。

教材的客观性体现在对历史事件、人物和文化现象的呈现上。教材内容应以事实为依据，准确描述历史事件的发生、原因和影响，而不应受到个人情感或意识形态的影响。教材编写者需要以严谨的态度对待历史资料和文献，进行深入的研究和分析，确保教材内容的客观性和准确性。他们应当对历史事件进行全面的考量，从不同的角度出发，全面展现历史事件的复杂性和多样性，避免片面或偏颇的描述。

教材的客观性还体现在对历史人物的评价上。教材内容应当客观公正地评价历史人物的功过得失，不能对历史人物的形象进行塑造，而是应当根据客观事实对其进行客观公正的评价。教材编写者应当以历史事实为依据，客观地呈现历史人物的行为和影响。

3. 全面性

教材的全面性是确保学生能够全面了解历史发展的重要原则之一。历史学科涉及丰富多样的内容，包括不同时期、不同地区的历史事件、人物、文化现象等，因此，教材内容必须具有全面性，以便学生能够系统地了解历史的发展进程和演变规律，形成全面、综合的历史观。

（1）教材的全面性体现在内容的广度上

教材应当涵盖历史学科的各个领域和时期，包括古代、中世纪、近代和现代等不同历史时期，以及不同地区和文化背景下的历史事件和文化现象。通过对各个时期和地区历史的全面介绍，学生可以形成对历史发展的整体认识，理解历史的多样性。

（2）教材的全面性体现在内容的深度上

教材应当对历史事件、人物和文化现象进行深入的分析和探讨，不仅要描述事件的发生和影响，还要深入剖析事件背后的原因和动机，探讨事件对当时社会和人们生活的影响，以及事件与其他事件之间的联系和影响。通过对历史事件和文化现象的深入研究，学生可以更加深入地理解历史的内涵和意义。

（3）教材的全面性要求对历史学科的各个方面进行综合考虑

历史不仅仅是政治和战争的历史，还包括社会、经济、文化等多个方面的内容。因此，教材应当综合考虑社会、政治、经济、文化等多个方面，让学生能够全面了解历史的多个维度，形成系统、完整的历史观。

4. 适应性

教材的适应性是确保教学内容与学生的认知水平和心理特点相匹配的重要原则之一。这一原则要求教材的编写应该根据学生的认知发展规律和学习特点进行科学的设计和编排，使学生能够轻松理解和接受教学内容，从而达到知识的有效传授。

（1）教材的适应性体现在选材上

教材编写应根据学生的年龄、认知水平和学科特点，选择合适的教学内容。选材要具有代表性和启发性，能够引起学生的兴趣，激发学生对历史学科的学习热情。同时，选材要符合学生的实际需求和学习水平，避免内容过于复杂或超出学生理解能力。

（2）教材的适应性体现在表达方式上

教材应该以简明清晰的语言表达教学内容，避免使用过于晦涩或复杂的词汇和句式。语言表达应该符合学生的理解能力，易于学生理解和接受。同时，可以通过生动形象的描述、举例说明等方式，使教材内容更加生动有趣，增强学生的学习兴趣。

教材的适应性还包括注重启发学生思维和激发学生学习兴趣。教材内容应设计有针对性的问题和案例，引导学生主动思考和探究，培养学生的批判性思维和创造性思维。同时，可以通过丰富多样的教学活动和案例分析，激发学生的学习兴趣，提高学生的学习积极性和参与度。

5. 时代性

教材的时代性是教育教学中不可或缺的重要原则之一。时代性要求教材内容要贴近时代的发展脉络，反映出当代历史研究的最新成果和观点，以及社会、政治、文化等方面的变化和演进。这一原则的实施可以有效地加深学生对历史的理解，增强他们的历史意识和现实感，激发学习的兴趣和热情。

首先，教材的时代性要求教材内容要及时更新，反映出历史研究领域的最新动态。随着历史学科的发展和研究方法的更新，历史学界不断涌现出新的研究成果和理论观点。教材应该及时吸收这些新成果，反映出历史研究的前沿动态，使学生能够了解到最新的历史研究成果和观点。

其次，教材的时代性要求教材内容贴近当代社会背景和学科前沿。教材编写应该结合当代社会的发展需求和学科的最新理论，选取与学生生活密切相关的历史事件和话题，使学生能够感受到历史对当今社会的意义和价值，增强他们的历史认知和社会责任感。

最后，教材的时代性还要求教材内容能够突出历史的现实意义和启示。教材编写应该注重历史知识与学生生活、社会实践的结合，引导学生通过历史的镜鉴，思考当今社会的问题和挑战，培养他们正确的历史观和社会价值观，激发他们的社会责任感和历史担当精神。

（二）教材编选流程

1. 需求调研

教材编选的第一步是进行需求调研，这一阶段至关重要，因为它为后续教材的编写提供了指导、奠定了基础。教育专家和教师团队会联合开展这项调研工作，旨在全面了解教材编写所需考虑的因素，从而确保最终教材能够满足教学实践的需求。

（1）需求调研重点关注学生的认知水平

通过对学生的年龄、学科知识水平、认知能力等方面进行调查和评估，教育专家和教师团队能够更准确地把握目标受众的特点和需求。例如，在初中历史教材编写过程中，调研可以涵盖学生对历史知识的理解能力、学习兴趣以及对不同历史事件或人物的认知程度等方面。这样的调研结果能够为后续教材编写提供重要的参考依据，帮助教师更好地把握教学重点和难点，选择合适的教学方法。

（2）需求调研关注学科发展趋势

随着教育理念和学科研究的不断发展，教材编写需要与时俱进，及时反映学科的最新发展动态和趋势。因此，教育专家和教师团队会对历史学科的最新研究成果、教学理念和方法进行调研，以确保教材内容的科学性、准确性和前瞻性。这种调研工作可以通过文献阅读、专家访谈、学术研讨会等方式进行，为教材编写提供学科理论和实践方面的有力支撑。

（3）需求调研会考虑教材的使用情况

教育专家和教师团队会收集和分析教材使用的实际情况和反馈意见，了解教师和学生对现有教材的评价、意见和建议。通过了解教材的使用情况，可以发现现有教材存在的问题和不足之处，为新教材的编写提供改进方向和借鉴经验。例如，如果发现学生普遍对某一历史内容理解困难，那么教材编写团队就可以针对这一问题有针对性地进行教学内容和方法的调整。

2. 编写策划

需求调研是教材编写过程的关键一步，在其基础上，教育专家和资深教师将会制定教材的编写策划。这一阶段的主要任务是根据需求调研的结果和学科教学要求，制定教材的编写大纲和内容安排，明确教材的框架和结构，以及确定教材编写的总体思路和方向。

第一，教育专家和教师团队将会根据需求调研的结果，综合考虑学生的认知水平、学科发展趋势和教材使用情况，确定教材编写的总体思路和方向。他们会分析调研结果，明确教材所要达到的教学目标和效果，从而为后续的编写工作提供清晰的指导和约束。例如，在初中历史教材的编写策划中，教育专家和教师团队可能会明确教材的核心内容和重点考察的历史概念，以及教学要求和评价标准等。

第二，教育专家和教师团队会制定教材的编写大纲和内容安排。他们将根据教材的总体目标和方向，详细规划教材的章节结构、内容分布和知识点安排，确保教材的系统性和完整性。在编写大纲和内容安排时，他们会根据学科知识体系和教学进度，合理安排教材的内容和难度，确保教学过程的连贯性和逻辑性。

第三，教育专家和教师团队将明确教材的框架和结构。他们会确定教材的主题和重点内容，设计教学活动和案例分析，选取适当的教学资源和辅助材料，以及制定合理的教学评价和反馈机制。这样的编写策划将为教材编写提供具体的指导和操作方案，有助于教师团队高效地完成教材的编写工作，并确保教材质量和教学效果的达成。

3. 教材编写

教材编写是一项系统性、科学性的工作，其过程需要经过精心策划和团队合作，并且要遵循一系列严格的原则和标准。在教材编写的过程中，首先需要对编写策划进行全面审视和确定，确保教材的编写方向与目标明确一致。随后，教材编写团队依据编写策划中确定的框架和要求，展开教材内容的撰写工作。

教材编写的内容应当具有科学性，即教材内容应基于权威的学术研究和教育理论，确保所呈现的历史知识和概念符合学科规范和科学原理。在编写过程中，需要参考最新的研究成果和教育理论，确保教材内容与学科前沿保持一致，并具有较高的学术水准。

同时，教材内容应当具有客观性，避免主观倾向和片面性。在撰写过程中，要尽量客观地呈现历史事件和人物，避免对历史进行简单化或夸大化的描述，保证历史教材的客观性和公正性。

教材内容还应当具有全面性，即涵盖历史学科的各个方面和内容。在编写过程中，需要考虑到历史学科的多样性和复杂性，确保教材内容既包含了基础知识和概念，又涉及历史事件、人物、文化等多个方面，使学生能够全面理解和把握历史的发展脉络和内涵。

教材内容还应当具有适应性，即能够满足不同学生群体的学习需求和能力水平。在编写过程中，需要考虑到学生的年龄特点、认知水平和学习兴趣，采用多样化的教学方法和手段，使教材内容既符合教学大纲的要求，又能够吸引学生的注意力和激发他们的学习热情。

最后，教材内容还应当具有时代性，即能够与时俱进，反映历史学科的最新发展和社会变革。在编写过程中，需要不断关注历史学科的新动态和新成果，及时更新教材内容，使其能够反映出时代的特点和精神内涵，为学生提供与时代接轨的历史学习资源。

4. 审定评估

完成教材编写后，进行审定评估是确保教材质量和适用性的重要环节。这一过程由教育主管部门和专家团队共同负责，旨在审核教材内容是否符合教育政策和学科教学要求，以及内容是否科学准确、适用于教学实践。

审定评估的首要任务是对教材的内容进行全面、系统地审核。这包括对教材所涉及的历史知识、概念、事件、人物等进行逐项审查，确保其准确性和科学性。专家团队会对教材中呈现的历史观点、分析和解释进行严格评估，以确保教材中不带有片面性、主观性或误导性内容。

其次，审定评估还需要考察教材的教学目标和适用性。教材编写的初衷是为了支持教学实践，因此教材内容必须符合学生的认知水平和学习需求，能够有效地达到教学目标。专家团队会对教材的组织结构、教学方法、示例案例等进行评估，以确保教材能够引导学生系统学习历史知识，并培养其历史思维和分析能力。

审定评估还需要关注教材的时代性和创新性。随着社会的不断发展和历史学科的不断进步，教材内容也需要不断更新和完善，以反映时代的特点和历史学科的最新成果。专家团队会对教材的时代性、前瞻性和创新性进行评估，以确保教材具有较强的时代感和吸引力。

最后，审定评估的结果将会影响教材的修订和完善。根据专家团队的评估意见，教材编写团队会对教材内容进行必要的调整和修改，以提升教材的质量和水平。修订过程可能涉及对历史资料的更新、对教学案例的替换、对教学方法的调整等方面的内容，旨在使教材更加符合教育教学的需要，更好地为历史教育服务。

5. 出版发行

经过审定评估之后，教材进入了出版发行阶段，这是确保教材及时面向学校供教学使用的关键步骤。在这个阶段，教育出版社将承担教材的排版、印刷和发行等工作，以确保教材的及时推广和应用。

首先，教育出版社将进行教材的排版工作。这一过程不仅包括对教材内容的文字、图片、表格等进行整理和设计，还需要根据教材的版式和风格进行合理的排版安排，使教材整体布局美观、清晰，易于学生阅读和理解。

其次，教育出版社将进行教材的印刷工作。印刷质量至关重要，因此需要对印刷过程严格把关。教育出版社会选择优质的印刷厂，采用高品质的纸张和印刷设备，确保教材印刷质量达到标准要求。

随后，教育出版社将进行教材的发行工作。这包括将印刷好的教材分发给各地的学校和教育机构，以确保教材能够及时送到每个教师和学生手中。在发行过程中，教育出版社还会根据学校的需求和订单情况，调配教材的数量和配送方式，以满足教学实践的需要。

教材出版发行后，教师可以根据教学需要选择合适的教材进行教学实践，即根据教材内容和学生的学习情况，灵活运用各种教学方法和手段，开展多样化、有针对性的历史教学活动，促进学生的历史学习和发展。

二、教材内容与学生需求的匹配度分析

（一）教材内容的多样性

1.不同历史时期的涵盖

初中历史教材的设计应当涵盖丰富多样的历史时期，以确保学生能够全面了解人类社会的发展历程，并从中领悟历史的连续性和变化。这些历史时期可以涵盖古代、中世纪、近现代等不同阶段，每个阶段都有其独特的特点和重要事件，对学生全面了解人类历史进程至关重要。

首先，古代历史时期是人类社会发展的开端，包括古代文明的兴起和发展。这个时期涵盖了古代文明的诞生，如古埃及文明、古希腊文明、古罗马文明，以及古代中国的夏商周时期。学生通过学习古代历史，可以了解人类最早的社会组织形式、政治制度、文化传承等，深入理解人类文明的起源和发展。

其次，中世纪历史时期是欧洲历史中的一个重要阶段，也是世界各地发展的一个重要时期。这个时期见证了罗马帝国的崩溃和中世纪封建制度的建立，以及基督教的传播等。同时，亚洲、非洲和美洲等地区也有各自的中世纪历史，如伊斯兰文明在中东和北非地区的兴起、中国的唐宋时期、日本的平安时代等。学生通过学习中世纪历史，可以了解不同地区的政治、经济、文化发展，以及东西方文明之间的交流和影响。

最后，近现代历史时期是人类社会发展的一个重要阶段，也是学生更为熟悉的历史时期。这个时期发生了工业革命、法国大革命、两次世界大战、冷战等重要事件。学生通过学习近现代历史，可以了解工业化对人类社会的影响、民主制度的发展、殖民主义和帝国主义的崛起与衰落等重要议题，从而更好地理解当今世界的格局和问题。

2. 各种历史事件和人物的介绍

教材内容的设计应当涵盖各种重要的历史事件和人物，这些事件和人物代表着历史发展的重要节点及其影响。通过学习这些历史事件和人物，学生可以了解历史发展的脉络和重要时期，掌握历史知识的主线和要点，从而更好地理解人类社会的演变和发展。

首先，古代历史的重要事件包括夏、商、周三代的建立及影响。夏朝是中国历史上的第一个朝代，标志着中国古代文明的开始；商朝是中国古代的一个重要时期，商文化对后世影响深远；周朝则是中国古代历史上的一个重要时期，周文化的影响贯穿了中国几千年的历史。这三个朝代是中国古代历史的重要组成部分，学生通过学习可以了解古代中国社会的政治、经济、文化等方面的发展。

其次，中世纪历史的重要事件包括罗马帝国的崩溃和封建制度的建立。罗马帝国的崩溃导致了中世纪欧洲的动荡和分裂，封建制度的建立标志着欧洲社会组织形式的根本转变。学生可以在中世纪历史中学习到罗马帝国的兴衰、基督教的传播、封建制度的建立等重要事件，了解中世纪欧洲社会的政治、宗教、文化等方面的发展。

最后，近现代历史的重要事件包括两次世界大战。这两次世界大战是20世纪极具影响力的历史事件，深刻地改变了世界格局和人类社会的发展方向。学生通过学习这些历史事件，可以了解战争的原因、过程和影响，深入分析战争背后的政治、经济、社会因素，从而更好地理解近现代世界的发展脉络和历史进程。

3.不同地区和不同民族的历史文化

教材内容的设计应当涵盖不同地区和不同民族的历史文化。通过学习不同地区和不同民族的历史文化，学生可以拓宽视野，增强跨文化交流的能力，培养国际视野和全球意识。

首先，中国的历史文化悠久、灿烂，源远流长，其中包括丰富的传统文化、悠久的历史传统、独特的思想观念等。学生通过学习中国的历史文化，可以了解中国古代文明的辉煌成就，深入了解中国的传统文化和价值观念，培养对祖国历史的热爱和文化自信。

其次，世界各地的历史文化也是多姿多彩、千差万别的。不同地区和民族有着不同的历史发展轨迹、文化传承和价值观念。例如，欧洲有着历史悠久的古希腊古罗马文明、文艺复兴的人文主义等；非洲有着丰富多样的部落文化和古老的王国文明；亚洲有着各种信仰文化的交汇融合，如佛教、印度教、伊斯兰教等。学生通过学习世界各地的历史文化，可以了解不同民族的文化传统和发展特点，增强对多元文化的理解和尊重。

如前所述，通过对不同地区和不同民族的历史文化的学习，学生可以拓宽视野，增强跨文化交流的能力。在全球化的今天，了解世界各地的历史文化不仅有助于学生拓宽知识面，还能够促进不同文化之间的交流和融合，培养学生的国际视野和全球意识，从而更好地适应未来的跨文化交流和合作的挑战。

（二）教材内容的科学性

1.历史事件的客观呈现

教材应当以客观公正的态度呈现历史事件，避免对历史事件进行主观性的评价或歪曲。历史是客观存在的，而教材作为学生获取历史知识的主要途径，必须依据历史事实和学术研究，客观地呈现历史事件的来龙去脉，使学生能够准确理解历史的发展过程。

第一，教材应当基于严谨的历史研究成果。历史研究是以史料为基础，通过对历史事件的考证和分析，揭示历史的真相和规律。教材编写应当汲取历史学界的最新研究成果，准确反映历史事件的真实情况。同时，教材编写团队应当对历史事件进行深入调查和研究，避免受到政治、意识形态等因素的影响，确保教材内容客观公正。

第二，教材应当全面呈现历史事件的来龙去脉。历史事件往往具有复杂的因果关系和多方面的影响，教材应当全面呈现历史事件的各个方面，包括事件的起因、经过、结果等。同时，教材还应当关注不同历史事件之间的联系和影响，帮助学生理解历史的连续性和变化。

第三，教材应当尊重历史事件的多元性和复杂性。针对某一历史事件，往往会产生多种解读和评价，教材应当尊重不同观点和立场，客观呈现历史事件的多元性。同时，教材还应当引导学生对历史事件进行思考和分析，培养其批判性思维和历史思维能力，使他们能够客观理性地看待历史事件。

2. 历史人物的客观评价

教材在介绍历史人物时，应该以客观公正的态度评价他们积极和消极的影响，避免过分神化或贬低。历史人物是历史发展中的重要角色，他们的言行举止对于塑造时代风貌和影响后世有着不可忽视的作用。因此，教材应当客观地介绍历史人物的生平事迹和历史地位，让学生能够理性看待历史人物的历史价值。

（1）教材应当客观呈现历史人物的生平事迹

这包括了历史人物的出生、成长、事业发展、政治活动、文化成就等方面的内容。通过对历史人物生平的介绍，学生可以了解到他们的个人经历和奋斗历程，从而更全面地理解历史人物的生活背景和成长环境。

（2）教材应当客观评价历史人物的贡献和影响

历史人物往往以其杰出的才能和卓越的领导力在历史舞台上留下了深远的影响。然而，教材在介绍历史人物的贡献时，还是应该客观公正地分析其所取得的成就及其对历史进程的影响。这既包括了积极的一面，也应该客观地反映其可能存在的负面影响或局限性。

（3）教材应当尊重历史人物的矛盾性和复杂性

历史人物往往是具有矛盾性和复杂性的，他们的言行举止可能受到时代背景、社会环境和个人性格等因素的影响。因此，教材在介绍历史人物时，应当客观地反映其多面性，避免简单地对历史人物进行黑白划分或形成"一刀切"的评价。

教材应当引导学生通过客观的历史事实和学术研究，自主思考和评价历史人物的历史地位。教材不应该仅仅是向学生灌输历史人物的观点和评价，而是应该通过提供丰富的历史资料和文献，激发学生的思考和探索，培养其批判性思维和历史思维能力，使他们能够独立、理性地评价历史人物的贡献和影响。

3. 历史观点的多元呈现

教材内容中多元呈现的历史观点是为了培养学生的批判思维和辩证能力，使他们能够在历史研究中理解和接受不同的历史观点。这一原则强调了历史研究的多样性和复杂性，要求教材不仅仅呈现主流观点，还应该展现历史学界存在学术争议的观点和不同学派的观点，让学生在学习历史的过程中形成独立的历史思维。

（1）教材应当呈现历史研究中的多种观点和学术争议

历史研究中存在着众多的学术争议和不同的历史观点，这些观点可能针对同一历史事件或人物提出不同的解释和评价。教材应该全面呈现这些观点，让学生了解到历史研究的多样性，培养他们辨析历史观点的能力。

（2）教材不应将某种历史观点强加于学生

教育教学应当避免"一刀切"的教学方式，尊重学生的独立思考和自主选择。教材编写应当客观公正，不偏袒任何一种观点，让学生能够在学习历史的过程中自主思考，形成独立的历史判断。

教材应当鼓励学生进行思辨和辩证，形成独立的历史思维。历史学习不仅仅是对历史事件的简单记忆，更重要的是培养学生的批判性思维和辩证能力。教材应该设置一些启发性的问题和案例，引导学生进行思考和讨论，激发他们对历史的兴趣和好奇心，促进他们形成独立、批判性的历史思维方式。

（三）教材内容的生动性

1.生动形象的语言和图表

生动形象的教材内容在教学中非常重要，通过采用生动形象的语言和图表，将历史事件和人物栩栩如生地呈现在学生面前，从而激发学生的学习兴趣，增强学习的趣味性和吸引力。

首先，生动形象的语言能够使历史事件和人物更加生动形象地呈现在学生眼前。通过生动的描述和细致的描写，教材可以使学生仿佛置身于现场，亲身经历历史事件的发生和演变。例如，可以通过形象生动的语言描述古代战场上的战争场景，让学生感受到战争的残酷和激烈，从而增强他们对历史事件的感知和理解。

其次，生动形象的图表可以直观地展示历史事件和人物的相关信息，帮助学生更加清晰地记忆和理解历史知识。图表可以包括时间轴、地图、人物关系图等，通过图形化的展示方式，将复杂的历史内容简化和概括，使学生能够一目了然地把握历史事件的发展脉络和相关因果关系。

生动形象的语言和图表不仅可以增强学生的学习兴趣，还可以提高他们的学习效率。通过生动形象的描述和直观形象的图表，学生能够更加轻松地理解和记忆历史知识，从而提高他们的学习积极性和主动性。

2.生活化的案例和故事

教材内容中引用生活化的案例和故事是一种非常有效的教学方法，它能够将抽象的历史知识与学生的日常生活联系起来，使学生更容易理解和接受历史知识，增强学习的实用性。

生活化的案例和故事可以帮助学生更好地理解历史知识。通过生动的案例和故事，学生可以从具体的生活场景中感受到历史事件的真实性和生动性，更深入地理解历史事件的背景、原因和影响。例如，教材可以引用一些历史人物的真实故事，让学生通过这些故事了解历史人物的性格特点、生平经历和影响力，从而更好地理解历史人物在历史进程中的作用和地位。

生活化的案例和故事还可以提高学习的效果和质量。学生在阅读生活化的案例和故事时，往往能够产生更浓厚的兴趣，更积极地参与，从而更加专注于学习，提高学习的主动性和积极性。同时，通过生活化的案例和故事，学生可以将抽象的历史知识与实际生活相联系，更容易记忆和应用所学内容，达到更好地学习效果。

第二节　初中历史辅助资源

一、多媒体教学资源

多媒体教学资源是指利用现代技术手段，如电脑、投影仪、视频等，将历史知识以图文、音频、视频等形式进行呈现，以增强教学的趣味性，提升学生的学习效果。这些资源可以为学生提供丰富的视听体验，使历史知识更加生动和易于理解。例如，通过播放历史纪录片、展示历史地图、播放历史音乐等方式，可以让学生更加直观地了解历史事件和文化背景，激发学生对历史的兴趣和好奇心。

（一）多媒体资源的界定

1. 多媒体的界定

多媒体的概念源自英文单词"Multimedia"，意指"多种媒体"。根据《现代教育技术》和《多媒体与教学》的定义，多媒体可被理解为一种计算机系统，用于处理和提供文本、图形、图像、动画、音频和视频等多种信息。学者韩晓红和张明在《多媒体技术及应用》中进一步解释，将多媒体理解为直接影响人类感官的各种媒体形式，如文字、图形、动画、声音和视频等。这些媒体形式能够被存储在光盘、硬盘、磁盘等储存设备中，并通过电视、电影、报纸、网络等传播媒体进行传播。

综合上述界定，多媒体可以被视为一种人机交互式信息交流和传播的媒介，其核心是将两种或两种以上的媒体形式结合起来，形成一种整合的信息体系。多媒体技术以计算机和网络技术为核心，通过处理、分析和传输数字化的文字、图形、图片、动画、声音和视频等媒体信息，实现了对信息的交互性应用。

多媒体技术具有多样性、集成性和交互性等特点。首先，多媒体技术涵盖了来自不同信息媒体的多种信息形式，包括图像、文字、声音、视频等。其次，多媒体技术能够将不同来源的信息整合在一起，形成统一的信息体系。最后，多媒体技术能够实现人与信息之间的交互，使得用户能够主动选择和控制所获取的信息。

在历史教学中，多媒体技术的应用可以极大地丰富教学内容，增强学生的学习体验。通过展示历史图片、文物、文献、影像和音频等多媒体资源，教师可以生动地呈现历史事件和文化现象，使学生能够更加直观地感受历史的真实性和丰富性。同时，多媒体技术还能够提供互动式学习环境，让学生参与到历史探究和思考中去，提高学习的积极性和主动性。

2. 多媒体资源的类型和作用

在初中历史教学中，多媒体资源是教师辅助教学的重要工具，主要分为文字资源、图像资源、音频资源和视频资源四类。这些资源被结合在多媒体课件中，作为教学的主要载体，以提高教学效果和学生学习的积极性。

（1）文字资源

多媒体课件中的文字资源在初中历史教学中具有重要作用。这些文字资源包括史料、文字说明、知识点概括等内容，通过多种形式的文字呈现，有助于教师组织教学内容，引导学生深入理解历史事件和文化现象。文字资源的作用主要体现在以下几个方面：

首先，文字资源可以代替传统的板书，成为教学内容的提纲和掣领。多媒体课件通过将文字形式的教学内容展示在屏幕上，取代了传统的黑板板书，使教学内容更加清晰、直观，便于学生集中注意力，更好地跟随教师的讲解。这种呈现方式不仅提高了教学效果，还使教学过程更加生动有趣，增强了学生的学习体验。

其次，文字资源在解读史料方面发挥着重要作用。历史教学需要借助大量的史料来支持教学内容，而文字资源可以帮助教师将这些史料以文字形式整合在课件中，与学生一起进行深入解读。通过对史料的解读，教师不仅可以帮助学生理解历史事件的具体内容和背景，还可以培养学生的史料实证能力和历史解释能力，提升学生的历史思维水平。

最后，文字资源还可以帮助学生构建完整的历史知识体系。在多媒体课件中，教师可以将不同的知识点以文字形式呈现，通过整合和概括，帮助学生建立起系统完整的历史知识框架。这样的知识体系不仅有助于学生对历史知识的整体把握和掌握，还能促进学生对历史事件之间逻辑关系的理解，提高学生的历史思维能力和综合分析能力。

（2）图像资源

图像资源在初中历史教学的多媒体课件中的运用具有重要作用。这些图像资源主要包括人物画像图、政治经济和社会生活图、科学技术图、艺术品图和地图等，通过运用这些图像资源，有效地丰富了教学内容，激发学生的学习兴趣，增强教学的吸引力和视觉效果。图像资源的作用主要体现在以下几个方面：

首先，图像资源能够帮助教师创设情境，使历史事件和人物更加具体生动。通过选取合适的图像资源，教师可以为历史事件和人物创设生动的情境，使学生更容易理解和接受历史知识。例如，通过展示政治经济和社会生活的图像，可以让学生直观地感受到不同历史时期的社会风貌和人们的生活状态，从而更好地理解历史事件的发生背景和影响。

其次，图像资源的运用有助于实现美育教育与历史教育的有机结合。在选择合适的历史图像时，教师可以结合艺术品赏析，引导学生欣赏不同历史时期的艺术作品，培养学生的审美能力。通过观察和分析艺术作品，学生不仅可以了解不同历史时期的艺术风格和文化内涵，还可以感受到历史文化对艺术的影响，从而提高对历史的综合理解能力。

最后，地图资源的运用可以帮助学生建立时空观念，深化对历史事件时间和空间关系的理解。历史教学中地图的使用是不可或缺的，通过地图资源的展示，可以直观地展现历史事件在地理空间上的分布和演变，让学生更好地理解历史事件之间的时序关系和地域联系。通过比对不同时间段的地图，学生可以更清晰地认识到历史的发展和变迁，形成更为完整的历史认知。

（3）音频资源

音频资源在初中历史教学的多媒体课件中的运用有着重要的作用。这些音频资源主要包括音乐作品和录音讲解等，通过运用音频资源，可以增强教学的情感色彩，激发学生的学习兴趣，具体作用包括：

首先，音频资源对情境的创设作用十分显著。教师可以适时地插入音乐作品，营造历史事件的氛围，使学生更加沉浸于历史的世界之中。音乐作品具有情感表达的作用，通过选择合适的音乐配合历史教学内容，可以使学生在情感上更加投入，更好地理解历史事件的背景和内涵。例如，在讲述战争时期的历史事件时，可以选择适合气氛的战争歌曲或军乐作为素材，营造紧张激烈的战争场景，让学生身临其境，增强对历史事件的感知和理解。

其次，音频资源可以作为教学内容的补充解释。通过录音讲解等方式，教师可以对历史事件进行生动的讲解，帮助学生更好地理解和掌握历史知识。有些历史事件可能无法通过文字或图片完整地表达其特点和意义，而通过录音讲解可以使教学内容更加生动形象，让学生更直观地理解历史事件的来龙去脉。例如，在讲述历史人物的生平和事迹时，可以录制相关人物的介绍和评述，帮助学生更全面地了解其历史地位和影响。

最后，音频资源有助于情感教育的开展。音乐作品的选择可以体现历史事件的情感内涵，引导学生感受历史人物的情感，加深对历史事件的理解。历史事件往往与人们的情感和情绪密切相关，通过音乐作品的运用，可以使学生更加深刻地理解历史人物的心理活动和情感表达，增强对历史事件的情感共鸣。例如，在讲述民族抗争历史时，可以选择表达爱国情感的歌曲进行配音，激励学生热爱祖国，坚定信念，从而更好地理解和珍视历史文化。

（4）视频资源

视频资源在初中历史教学的多媒体课件中的应用具有重要意义。这些视频资源主要包括历史影像和动画等，通过生动的画面和场景，可以提供直观的历史场景，激发学生的学习兴趣，具体作用包括：

首先，视频资源具有生动、显著的展示作用。通过视频资源，教师可以生动地展示历史事件的过程和演变，使学生更加直观地了解历史事件的发展过程。相比于文字或图片等呈现方式，视频资源能够通过动态的画面和声音，将历史事件呈现得更加具体、生动，让学生仿佛置身于历史事件之中。例如，可以通过历史影像展示古代战争的场景、人物生活状态等，让学生深刻感受到历史事件的真实性和丰富性，从而增强对历史知识的理解和记忆。

其次，视频资源的多样化呈现能够满足不同学生的学习需求，给学生提供丰富的学习体验，增强学生的学习效果。视频资源可以包括历史纪录片、动画片等多种形式，每种形式都有其独特的表现方式和特点，可以满足不同学生的学习偏好和需求。一些学生可能对纪录片感兴趣，他们可以通过观看历史纪录片深入了解历史事件的背景和文化内涵；而另一些学生可能更喜欢动画的呈现形式，他们可以通过观看历史动画片轻松愉快地学习历史知识。这种多样化的呈现方式有助于激发学生的学习兴趣，提高他们的学习积极性。

（二）多媒体资源在初中历史教学中应用的作用

1. 作为课堂辅助教学手段

多媒体资源在初中历史课堂教学中的运用，主要是把多媒体资源融入历史学科课程的有机整体中，使之成为课程的重要组成部分，成为辅助教学的工具，从而优化教学资源，完善教学环节，整合教学结构。用多媒体资源的形式来展示知识，可以促进教师教学方式的进一步革新，以达到整体优化的目的。多媒体资源作为初中历史课堂辅助教学手段主要有以下几种类型：

（1）创设情境类

教育理论家夸美纽斯（Kwame Nkrumah）强调了通过创设情境来激发学生兴趣的重要性，特别是对于历史教育而言。多媒体资源在这一过程中扮演着至关重要的角色。教师可以运用多媒体资源，如展示史料或播放相关视频，来再现历史场景，使学生能够身临其境地体验历史事件，从而激发学生的学习兴趣。这种情境的创设能够引发学生内在的学习动机，并促使他们与历史人物、历史事件产生情感共鸣。

举例来说，在教学《马关条约》的相关内容时，教师可以利用历史图片展示春帆楼的场景，并播放电视剧《走向共和》中签订《马关条约》的影片片段。通过这种方式，学生可以深刻感受到《马关条约》所蕴含的屈辱历史，进而引发对这一历史事件的思考和讨论。例如，教师可以提出问题："如果你是当时的李鸿章，你会签署《马关条约》吗？"学生在探讨"会"与"不会"的立场时，不仅能够理解当时清政府的困境和无奈，也能够意识到当时中国的落后和受辱的境况。这样的情境创设不仅使学生更加直观地理解历史，还能够培养其独立思考和分析问题的能力。

（2）归纳总结类

归纳总结在历史学习中扮演着重要的角色，它是学生巩固历史知识、厘清历史脉络的有效方法，同时也是教师进行历史教学的重要手段之一。每节历史课程都应设有课堂小结环节，以帮助学生巩固所学内容。此外，每学期还应设置专门的复习课，帮助学生整合不同章节之间的内在联系，使他们能够将历史知识串联起来，形成完整的知识脉络，从而加深对历史事件和发展过程的理解和记忆。

多媒体课件在历史归纳总结中具有重要作用。通过绘制历史图表或思维导图等形式，历史知识可以被清晰直观地展示出来。此外，利用多媒体技术，还可以采用类比和对比的方式，帮助学生更直观地理解历史知识，并完善知识结构。举例来说，将"戊戌变法"与"明治维新"进行对比，通过绘制表格，让学生对比两次改革运动的不同之处，有助于他们形成更深刻的认识。（表5-1）

表5-1　"戊戌变法"与"明治维新"的对比

/		戊戌变法	明治维新
同	历史背景	清政府国门被打开，民族矛盾成为重要矛盾，中国人民面临双重革命任务	美国培里叩关后，一系列不平等条约的签约，使日本面临民族和民主革命双重任务
	宗旨目的	维护清政府统治，发展资本主义	推翻幕府统治，进行资本主义改革
	领导阶级	资产阶级维新派	资产阶级和希望革新的武士
	列强态度	英国和日本一定程度上支持	美国和英国一定程度上支持
异	革命大势	太平天国运动失败，革命处于低潮，社会相对稳定	诸藩格局，革命处于高潮，社会相对动荡
	文化差异	统治阶级洋务运动宣告失败，普通民众抵触外来文化	吸纳欧美文化，以欧美为师
	社会基础	资本主义经济因素，即资本主义较发达地区仅在东南沿海和长江流域，而中国国土面积大，占全国比重小	资本主义经济因素，即发达地区在京畿地区，而日本面积狭小，故占全国比重大
	领导能力	维新派参加社会实践少，改革依据来源于书本，实践能力较差	维新派大都参加了倒幕派，斗争经验丰富，能力较强
	变革阻力	各种顽固势力	幕府
	斗争策略	依靠皇帝，没有联系人民群众	联系了人民群众

（3）人机交互类

人机交互在多媒体资源应用中具有重要意义。通过人机交互，教师可以利用计算机技术实现与学生之间的互动，从而提升历史教学的效果和吸引力。历史教材提供了尽可能详细的关于历史事件的描述，但对历史事件的进程以及事件之间的关联，静态的文字教材难以做到形象具体。因此，利用多媒体课件或动画制作等形式，将图片、视频和动画融入教学过程中，呈现出动态效果，有助于优化教学设计，提升学习效果。

举例而言，当教师讲述近代列强瓜分中国的相关内容时，可以利用中国地图为基础，通过点击被租借或割让的土地，让地图根据时间顺序逐渐变化，被不同国家租借或割让的土地显示相应的颜色，并以闪烁的方式呈现，最终形成"五颜六色"的中国地图。同时，教师还可以引入时局图，进一步帮助学生加深对近代中国民族危机的认识。

2. 作为学生的辅助学习工具

将多媒体资源作为学生的辅助学习工具是指把多媒体资源作为一种媒介运用在历史教学中，运用各种计算机软件建构知识框架，帮助学生识记、理解历史知识，从而提高认知能力。目前作为辅助学习工具的多媒体资源主要有三类：

（1）操作和练习类

这类软件通常设计为学生先回答问题，系统根据学生的答案给予反馈，并提供针对性的建议。例如，提供大量的习题、真题和模拟试卷，学生可以通过做题来检验自己对所学知识的掌握程度，并获得系统的评估。

（2）引导类

这类软件通过将学习过程分解为细小的教学步骤，并按照从易到难的顺序排列，引导学生逐步理解每个知识点。例如，个性化设计学习环境，帮助学生达到预定的教学目标。

（3）游戏类

这类软件将历史知识与游戏结合，激发学生的学习兴趣，或者在游戏中让学生潜移默化地获取历史知识。例如，以游戏形式提升学生的学习兴趣，将历史知识巧妙地融入游戏情节中。

（三）使用多媒体资源的意义

1. 调动学生主动学习，突破教学重点难点

现代认知学习理论认为，人类的认识是人的内部心理过程与外部刺激相互作用的产物。因此，要产生有效的认知，外部的多重感官刺激是非常重要的。

（1）课前讨论重难点

在课前进行重难点讨论是提高教学效果的重要方法。教师可以要求学生利用网络工具自行了解本节课的知识点，并确定自己认为的重点和难点。通过这种方式，教师可以更好地了解学生的学习需求和困惑，从而在课堂上有针对性地进行教学。针对一些难以理解的知识点，教师可以事先以问题的形式提供给学生，并要求他们自行搜索相关资料进行学习。这样做有助于激发学生的学习兴趣，培养他们的自主学习能力和思辨能力。

例如，在讲授关于中华民族抗日战争的单元时，教师可以在课前向学生提出以下两个问题。其一，什么是全民族抗战？它是如何体现出来的？其二，中国抗战在国际上的地位如何？学生在搜索资料时可能会遇到不同于课本的观点，例如关于中国共产党在抗战中地位的争议等。学生对这些观点的思考会促进他们对历史事件的深入理解，并在课堂上更加积极地参与讨论。教师在讲解相关内容时，可以根据学生的困惑点进行重点讲解，帮助学生消除疑惑，加深对知识点的理解。

（2）讲课突出重难点

在教学过程中，教师可以利用多媒体课件突出重难点，从而更好地引导学生理解和掌握历史知识。以下是两种突出重难点的方法：

①运用色彩标注

在准备多媒体课件时，教师可以利用不同颜色的标注或箭头突出教学内

容的重难点。例如，在讲述红军长征的课程中，可以使用不同颜色的箭头标注长征路线，重点标注遵义会议等重要节点，帮助学生在地图上清晰地理解长征的经过和背景。通过色彩的运用，吸引学生的注意力，有助于他们对重要内容的理解。

②展示图像或视频

教师可以选择相关图像或视频来讲解历史情景，特别是对于一些难以理解的内容。例如，在讲解都江堰水利工程时，教师可以选取简单易懂的讲解视频，向学生展示都江堰的建设原理和过程。通过观看视频，学生可以更直观地理解都江堰水利工程的重要性和建设原理，有助于突破学习中的难点。

（3）课后巩固重难点

根据遗忘曲线的原理，学习后需要及时进行复习以巩固记忆，从而防止知识的遗忘。然而，课后书面作业过多可能会引发学生的厌烦情绪。因此，可以借助多媒体资源设置课后巩固练习，及时检测学生对知识的掌握情况，起到辅助教学的作用。

一种有效的方式是利用多媒体技术设计互动性强、具有趣味性的学习资源，供学生在课后进行自主学习和复习。例如，可以开发一些在线测验或交互式学习模块，让学生通过选择、拖拽等方式回答问题或完成任务。这些多媒体资源可以结合图像、音频、视频等元素，使学习过程更加生动有趣。

另外，教师还可以设计一些借助多媒体资源完成的课后作业，要求学生观看相关视频、图像，或是完成与多媒体资源相关的任务。例如，要求学生观看一个历史主题的视频，并根据内容回答一些问题，或是要求学生结合多媒体资源进行课外阅读并撰写心得体会。这样的作业既能够巩固学生的知识，又能够培养其利用多媒体资源进行学习和思考的能力。

2. 突出学生主体作用，引导学生自主学习

在传统的历史课堂中，通常是以教师为主体，教师的讲解占据了绝大多数的时间，而学生则处于被动接受知识的状态。然而，利用多媒体资源辅助

教学可以有效地改变这种状况，充分激发学生学习的主动性，引导他们积极参与并探索历史知识。

多媒体资源的种类繁多，内容展示生动形象，学生可以根据自己的兴趣爱好和知识水平，利用多样化的多媒体工具进行自主学习。调查显示，许多学生不喜欢历史的原因在于他们认为历史抽象、复杂且枯燥。在这种情况下，多媒体工具可以让学生根据自身特点和兴趣自主选择学习内容，从而提高学生对历史学习的兴趣。

在这种背景下，选取优秀的多媒体资源进行教学设计尤为重要。同时，在课后作业的布置上，也应该充分发挥学生的自主探究能力，让他们能够在多媒体工具的辅助下进行自主学习。

学习习惯的养成是一个由被动监控到主动自律的过程。针对初中生的年龄特点，利用多媒体技术教学应该在教师的指导和监督下开始。教师可以帮助学生使用各种网络软件进行学习，并定期检查学习效果。随着时间的推移，学生将逐渐培养起主动学习的习惯，能够独立运用多媒体工具进行学习。

3. 开发课外教学资源，配合教师课堂教学

兴趣是学习最好的老师，因为它能够激发个体的求知欲和积极情绪，使其更加专注和投入。在历史教学中，除了课堂上创设情境来激发学生的兴趣外，课外教学资源也是至关重要的。课堂时间有限，难以深入讲解复杂的历史事件，可以通过课外教学资源的引导，使学生更深入地探索和感受历史知识，从而提高其对历史学习的兴趣和主动性。

教师应该重视课外历史教学资源的提供和引导，让学生自主探索和感受历史。例如，可以组织历史课本剧表演、历史手工制作、历史小论文撰写等活动，让学生在课外自主探索相关和感兴趣的历史内容。在这些活动结束后，还可以引导学生对相关问题进行进一步讨论，从而促进学生对历史的深入思考和理解。

尤其是在当前多媒体技术持续发展的背景下，如果教学活动转为线上，

课外教学资源的开发和利用就显得更加重要。教师可以结合线上平台，布置相关的课外作业和活动，以激发学生的学习兴趣和主动性。这样的教学方式不仅能够增加学生对历史的兴趣，还能够培养学生的创新能力和批判性思维。

另外，在课堂教学中，教师应该充分利用多媒体技术，通过生动的图像、视频等形式来展示历史知识，吸引学生的注意力。同时，学生也可以利用学习辅助软件进行自主探究，例如一些带有游戏性质的历史学习软件，它们以丰富多样的游戏形式让学习变得更加有趣和生动。

二、乡土历史资源

乡土历史是历史课程标准中规定的一项历史教育内容，在实际教学中，可以根据学生和教师的实际能力，融入历史课堂。乡土历史的教学切入点要细，符合学生的年龄特征，与教学内容紧密结合。将乡土历史资源融入课前和课中的历史课堂教学中，可以达到辅助历史课堂教学的目的。

（一）将乡土历史资源融入历史课堂教学的制约因素

1. 学生方面的能力限制

初中生的辨别能力和探究能力相对有限，这是将乡土历史资源融入历史课堂教学时需要考虑的重要因素。由于年龄、经验和知识水平的限制，初中生在处理复杂的历史信息时可能会感到困惑和迷茫。乡土历史资源通常涉及的内容广泛且多样，包括地理环境、历史遗迹、文化传统等，学生很容易在查找和整理中迷失方向，无法准确地把握其中的重点和要点。他们可能会因为资源的散杂性而感到困惑，难以从中筛选出对当前学习任务有帮助的信息，从而影响了他们对历史知识的理解和掌握。

此外，如果过多地引入乡土历史资源，可能会增加学生的学习负担，导致学习效果不佳。初中生的学习时间有限，课业压力较大，如果教师在教学中过度引入乡土历史资源，可能会占用大量的课堂时间，挤压了其他重要学习内容的学习时间。而且，对于一些学生来说，整合乡土历史资源可能需要较高的阅读和分析能力，这对于一部分学生来说可能是一项挑战，进而影响到他们的学习积极性和学习效果。

因此，在将乡土历史资源融入历史课堂教学时，教师需要根据学生的实际情况和能力水平，合理安排资源的使用，避免过分依赖和过度引入。可以通过简化资源的内容和结构，提供清晰明了的指导和提示，帮助学生更好地理解和利用乡土历史资源。同时，教师还可以采用多种教学方法和手段，如分组合作、案例分析、角色扮演等，激发学生的学习兴趣，提高他们的参与度和学习效果。

2. 教师方面的能力限制

尽管初中历史教师具有一定的专业知识和教学经验，但与历史学家相比，其专业度仍存在一定的差距，这是在将乡土历史资源融入历史课堂教学时需要认识到的现实情况。教师在挖掘和整理乡土历史资源的过程中可能会面临诸多挑战和限制。

（1）教师可能面临信息不足的问题

乡土历史资源通常涉及地方性的历史文献、口述资料、文物遗迹等，而这些资料可能并不像全国性的历史文献那样被广泛收集和整理。因此，教师在挖掘乡土历史资源时可能会遇到信息获取困难的情况，无法获得充分、准确的资料来支持课堂教学。

（2）教师可能面临研究方法不够严谨的问题

乡土历史资源的整理和研究需要较高的历史学素养和较丰富的研究方法，但是对初中历史教师来说，他们的专业背景和研究经验可能相对有限。因此，教师在整合乡土历史资源时可能缺乏系统的研究方法和严谨的分析思维，导致资源的利用效果不尽如人意。

（3）乡土历史资源的整理和发掘需要一定的时间和精力投入

作为一名教师，他们除了要进行课堂教学之外，还可能需要承担其他的教学和管理工作，时间和精力都有限。因此，教师可能无法全身心地投入乡土历史资源的挖掘和整理工作中，难以保证资源的丰富性和质量。

3. 乡土历史资源的局限性

乡土历史资源的整理和发掘是一项复杂而艰巨的任务，其中存在着诸多局限性。首先，乡土历史资源的整理往往受到信息来源的不完整性和不确定性的影响。由于历史档案的保存状况、口述传承者的主观性以及文献资料的局限性等原因，乡土历史资源可能存在缺漏和失真的情况，使得整理出的历史资料不够全面和准确。这就需要对乡土历史资源进行进一步的考证和验证，以确保所获得的历史信息和结论的可靠性和科学性。其次，在乡土历史资源的教学方面，现有的教学方式和方法相对欠缺成熟性和系统性。传统的讲授模式较为枯燥乏味，并且无法很好地激发学生的兴趣和参与度，导致教学效果不佳甚至出现无效的教学行为。因此，教师在利用乡土历史资源进行教学时，应当积极探索创新的教学方式，引入互动性强、生动有趣的教学内容和活动，以提升教学的实效性和吸引力。

（二）用乡土历史资源辅助初中历史课堂的特征

1. 高度的相关性

乡土历史资源与历史课堂教学内容的高度相关性可以起到辅助教学的作用。将乡土历史资源与教学内容紧密结合，可以激发学生对历史的兴趣，并提供更具实践性的案例和背景，帮助他们更好地理解和掌握历史知识。

举例来说，在学习"三国鼎立"这一历史时期时，引入乡土历史资源可以起到非常有益的作用。教师可以通过介绍荆州的地理位置、自然环境、人文风情以及当时的社会经济特点等乡土历史资源，引发学生对该历史事件发生地区的兴趣。学生对于荆州的地理位置和文化特色的了解，可以帮助他们更好地把握"三国鼎立"中相关的历史事件和文化背景。比如，通过介绍荆州是三国时期重要的战略要地，学生可以更好地理解刘备、孙权和曹操争夺该地的原因，进一步了解三国时期的政治格局和军事策略。

　　乡土历史资源还可以为历史教学提供更具体而生动的案例和实践性的教学材料。学生可以通过实地考察、调研访谈等方式，深入了解当地的历史文物、遗址、传统手工艺等乡土历史资源，在实践中感受历史的魅力和真实性。这种情境化的学习可以提高学习者对历史知识的体验和记忆，激发他们思考和探究的欲望，更好地理解历史事件的复杂性和多元性。

　　然而，在运用乡土历史资源的过程中仍需注意教学内容的选择和准备。教师应当科学确定教学目标，并选择与之相符合的乡土历史资源，避免盲目运用或教学内容与资源不匹配的情况。同时，教师还需要针对不同年级和学生的特点，设计合适的教学活动和方法，以确保乡土历史资源与教学内容的无缝衔接和顺畅推进。

2. 切入教学点要细

　　在教学中引入乡土历史资源时，需要从细微处着手，以帮助学生逐步理解和探索相关的历史知识。这种渐进式、深入细致的切入方式可以激发学生的学习兴趣，增强他们对历史内容的理解和记忆。举例来说，当讲到涉及荆州这个地区的历史时，教师可以通过介绍荆州的民间鼓乐、楚文化代表等，从具体的文化元素入手，引导学生了解荆州在古代的文化特色和地位。

　　首先，通过介绍荆州的民间鼓乐，教师可以向学生展示荆州在音乐艺术领域的独特风貌和历史积淀。学生可以通过欣赏荆州特有的民间鼓乐表演，感受其韵味和传统价值，了解当地人民在日常生活和宗教仪式中所表达的文化情感和精神寓意。透过民间鼓乐这一载体，学生可以深入体验当地文化的魅力，感受历史文化的传承与发展，从而引发他们对荆州历史更深层次的兴趣和思考。

　　其次，以楚文化代表作为切入点，教师可以让学生了解荆州文化传统在古代楚国文化的地位和影响。介绍楚文化代表人物、楚文化的特色和影响等内容，可以让学生对当时江南地区的文化面貌有更为具体和生动地认识。学生可以从楚文化的传统故事、艺术作品或考古遗址等方面，探究楚文化的内涵和与荆州地区文化传统的关联，理解楚文化对中国古代历史和文化的重要贡献，从而深化对荆州地区历史地位和文化传统的体会。

这种从细微处入手的教学策略不仅可以让学生在历史学习中有所收获，还能够提升他们的思维能力和文化素养。教师应该结合实际教学情境，巧妙地利用乡土历史资源，激发学生对历史内容的学习热情，引导他们形成全面、深入的历史认知。通过在教学中精准选择细致入微的教学点，学生能够建立坚实的历史基础，拓展思维广度，培养对历史文化的深刻理解和探索欲望，进而提高历史课堂教学的质量和效果。

3. 符合学情

乡土历史资源在辅助初中历史课堂教学时，应当充分考虑符合学生的实际年龄和学习水平，以更好地引发学生的兴趣、理解和参与。这种符合学情的乡土历史资源的运用能够有效地增强历史教育的实效性和趣味性，使学生更深入地体会和探索历史知识。

例如，在学习"人们生活方式的变化"这一主题时，教师可以利用乡土历史资源进行相关教学设计，让学生调查不同时期当地小孩玩的玩具名称，以感受改革开放给人们生活带来的巨大变化。通过了解不同时期的玩具种类和玩法，学生可以从生活细节中感受到社会发展的变迁，理解历史时期的差异和发展规律。这种富有情感共鸣和个性化体验的教学方式，能够激发学生对历史的浓厚兴趣，促进他们对历史知识的记忆和消化。

选择紧密联系学生实际情况的乡土历史资源，不仅能提高教学效果，也有助于帮助学生建立起更为深刻的历史认知。通过将历史内容与学生亲身经历和所熟悉的环境相结合，可以减少抽象概念对学生学习产生的障碍，激发学生的学习兴趣和动力。同时，符合学生实际年龄和学习水平的乡土历史资源可以更好地满足学生的学习需求，促进他们在历史教学过程中的自主探究和思考。

在运用符合学情的乡土历史资源时，教师需要灵活运用教学方法和手段，确保资源的选取和设计符合学生的认知水平和心理需求。通过精心设计的教学活动和互动环节，教师可以引导学生主动参与、思考和探索，达到教学目标和效果最大化。这种符合学情的乡土历史资源的运用方式，有助于激发学生的学习激情，培养批判性思维和历史文化素养，提升历史教育的品质和深度。

（三）用乡土历史资源辅助初中历史课堂教学

1. 课前准备

在进行历史课堂教学之前，教师可以通过引导学生进行简单的调查和研究，了解本地区的乡土历史资源，从而为课堂教学做好充分的准备。这种课前准备不仅能够激发学生对历史的兴趣和探求欲望，还可以提高他们对课堂内容的理解和参与度。

通过引导学生调查和研究本地区的乡土历史资源，包括地理环境、历史遗迹、文化传统等方面的内容，学生可以深入了解自己所处地域的历史底蕴和文化积淀。例如，学生可以前往当地图书馆、博物馆进行实地考察，利用互联网等现代科技手段获取更多资料，收集与整理相关的历史文献、图片、视频等信息。在这一过程中，学生不仅能够增加历史知识的积累，还能培养信息搜索、整理和分析的能力，提高其综合素质和独立思考能力。

这样的课前准备有助于让学生对即将学习的历史主题有所了解和预期，为他们打开历史知识世界的大门。通过自主学习和调研，学生可以提前感知到课堂内容与自身生活和社会环境的关联，激励学生主动探索和思考，增强学习的自主性。同时，这种课前准备也有助于培养学生对历史的浓厚兴趣和学习动力，为接下来的教学活动奠定良好的基础。

在教师引导学生进行课前准备时，应当注重任务设计的针对性和实践意义，确保学生能够在实际调研中获得有效的学习体验和启发。教师还可以根据学生的调研成果进行适当的讨论和分享，促进学生之间的交流互动，形成良好的学习氛围，提升整体学习效果。通过这样的课前准备，学生将更深入地感受到历史教育的魅力和实用性，建立起更为坚实的历史文化认知基础，实现历史教学的有效衔接和延伸。

2. 课中展示

在历史课堂上，教师可以通过展示乡土历史资源来激发学生对历史的兴趣和理解。这种课中展示不仅能使抽象的历史知识更具体和生动，还能够提高学生的学习参与度。利用各种形式的展示方式，如图片、视频、实物等，向学生展示本地区的历史文化，让他们亲身感受和体验，从而深化对历史的认识和记忆。

通过展示乡土历史资源，教师可以将历史知识与学生现实生活联系起来，拉近历史内容与学生心灵的距离。例如，利用历史照片展示当地地标建筑、风土人情等，让学生通过图像感受历史时期的场景和氛围；使用影视资料展示历史事件的重要性和影响，让学生更直观地了解历史的发展和演变。这样的展示方式可以激发学生的好奇心和学习欲望，使他们更主动地参与到历史学习之中，培养了学生对历史的浓厚兴趣。

在课堂中邀请当地的专家学者或历史爱好者进行专题讲解，也是丰富历史教学方式的一种途径。这些专家能够通过自身的专业知识和热情，向学生传授更深层次的历史信息和见解，让学生受益匪浅。专家的讲解将使历史教学更富有权威性和说服力，同时也有助于引导学生深入思考历史问题、开阔历史视野，提升历史学习的深度和广度。

通过课中展示乡土历史资源，教师可以为学生打开历史的大门，让他们更直观、全面地了解本地区的历史文化底蕴和特色。这种生动的历史展示方式不仅有助于增强学生对历史知识的理解和记忆，还能够培养学生的观察力、分析能力和批判思维。同时，通过亲身感受历史，学生也会更深刻地体会到历史对现实生活的影响和启示，从而激发他们对历史的探索精神和学习热情。

3. 课后总结

课后总结是历史教学中至关重要的环节，可以帮助学生归纳并更深入地理解当天学习的内容，同时也能够促进他们对乡土历史资源的进一步探索和应用。在课堂结束后，教师可以组织学生进行简单的总结和讨论，提供一个分享和交流的平台，让学生从多个角度去认识并反思当天所学历史知识。

通过课后总结和讨论，学生回顾了当天学习的内容，梳理自己的思维脉络，对知识做出更深层次的内化和消化。学生可以分享自己对乡土历史资源的了解和感悟，提出问题和疑惑，进行思考并交流学习经验。这种互动式的课后总结不仅能够加强学生对历史知识的理解和记忆，还能够培养学生的批判性思维和自主学习意识，提高他们对历史内容的掌握和运用能力。

在课后总结中，学生的分享和讨论是关键环节。学生可以通过交流彼此的学习收获和体会，拓宽视野，深化对历史内容的理解。此外，学生也可以提出对乡土历史资源应用的建议和意见，为今后的历史教学提供参考。教师应该倾听学生的声音，鼓励他们积极参与讨论，引导学生探究更深层次的历史问题，激发学生对历史研究的兴趣和热情。

第六章　初中历史课程教学评价

第一节　初中历史课程教学评价方式

一、初中历史课程教学评价概述

（一）教学评价的定义

教学评价是指对教学过程和结果进行系统性、全面性的调查和评估，以获取对教学活动质量和效果的客观认识，并为教学改进提供依据的过程。在初中历史课程中，教学评价起着至关重要的作用，它不仅有助于了解学生的学习状况，还可以指导教师对教学方法和教学内容进行调整，为学生提供更有效的学习体验。

首先，教学评价在初中历史课程中的定义需要考虑到多个层面。这包括对学生知识水平、能力发展、学科兴趣等方面的评估，同时也应关注对教师教学方法、教材选择、课堂管理等方面的评价。综合而言，初中历史课程的教学评价应该是一个多元化、全面化的过程，旨在全面了解教学过程和结果的质量。

在教学评价的过程中，应该充分考虑学生的多元化差异。由于学生在认知水平、学习兴趣、学科能力等方面存在差异，因此评价应该更具体、更有针对性。例如，可以采用不同形式的考核，包括笔试、口试、实践操作等，更全面地了解学生在不同方面的表现。这有助于避免单一评价方法对学生的片面影响，从而更好地反映他们的真实水平。

　　其次，初中历史课程的教学评价需要关注学科知识和能力的培养。历史课程不仅仅要传授历史知识，更是培养学生的思辨能力、分析能力和批判性思维的重要平台。因此，在教学评价中，不仅要评估学生对历史事实的记忆和了解，还要注重考察他们对历史事件的分析、解释和评价能力。可以通过开展课堂讨论、写作任务、研究项目等方式来评价学生的综合能力。

　　教师的教学方法和手段也是初中历史课程中需要评价的重要方面。教学评价应当关注教师的教学设计是否合理，教学过程是否生动有趣，是否能够激发学生的学习兴趣。此外，还需要考察教师是否能够灵活运用不同的教学手段，例如多媒体教学、案例分析、角色扮演等，以提高教学效果。评价结果可以为教师提供改进的建议，帮助其不断提升教学水平。

　　综合而言，初中历史课程的教学评价是一个复杂而系统的过程，需要考虑学生的差异性，注重知识和能力的培养，同时关注教师的教学方法和手段。通过科学、客观、全面的教学评价，可以更好地指导和促进初中历史课程的发展，提高学生的历史素养和综合能力。

（二）传统初中历史教学评价存在的问题

1. 学生在评价活动中处于被动状态

　　在传统的初中历史教学中，学生在教学评价活动中往往处于被动状态，被视为被评价对象，无法充分发挥主体作用。在这种评价体系下，学生一直扮演被动的角色，而评价的主体通常是学校和教师等权威的角色，形成了一种明显的"他评"特征。这种主体的错位导致了初中历史教学评价活动不够科学合理，同时引发了一系列问题。

　　首先，在传统的初中历史教学评价中，学生的主体地位较少被关注，其自主性和主动性未能得到充分尊重。在新课程改革推动下，强调学生的主体地位至关重要。然而，在传统的教学评价中，学生仅仅是被评价的客体，无法真正参与到评价过程中。这导致学生的个性差异和独特的思考方式未能得到充分发挥，影响了其对历史学科的真正理解和兴趣培养。同时，学生对教学评价活动会产生畏惧和厌烦情绪，对教学反馈的接受程度也相对较低。

其次，评价主体错位也带来了师生关系的干扰。在传统观念下，教师通常被视为教学中的权威，而学生则是被引导的对象。这种不平等的师生关系会妨碍学生表达自己真实的想法和观点。教师单方面对学生进行评价，容易形成主观臆断，从而缺乏对学生客观、全面的了解。这不仅阻碍了学生主体性的发挥，也制约了师生之间平等和谐的互动关系的建立。

2. 传统的评价方式以测试为主

在传统的初中历史教学评价中，评价方式主要以测试为主，存在着明显的功能错位问题。评价的目标主要聚焦于甄别和选拔，而对于评价具备的改进和激励功能则受到严重轻视。这使得教育评价更像一把粗糙的筛子，仅具备对学生进行二分法的判别，即成功者留在上层，而失败者则被无情地筛下去。这种评价方式的本质是对学生进行排名和分级，并非真正关注学生的全面发展和潜力的挖掘。

首先，以测试为主的传统评价方式在初中历史教学中过于注重知识的传授和记忆，而忽略了对学生综合素养的培养。历史学科的本质是培养学生的思辨能力、分析能力和批判性思维，然而传统的测试评价更侧重于培养学生对事实的记忆和机械性的知识运用。这导致学生倾向于追求死记硬背，而忽略了对历史事件背后原因和影响的深入思考。

其次，以选拔为主导目标的评价方式使得学生的差异性无法被充分认可。评价体系的二分法对学生的个性发展和潜力挖掘并不友好。成功者可能只是因为具备应试技巧，而失败者则可能因为其他潜在能力未被充分考虑。这样的排名制度助长了学生之间的竞争氛围，而非合作和共享的氛围，对学生心理健康造成了潜在的负面影响。

第三，传统的测试评价方式影响了学生对学习的兴趣和动机。由于测试评价偏向于标准答案或单一的解题思路,学生在学习过程中可能失去对历史学科本身的兴趣。学生的动机更多地集中在应付考试和获取好成绩上,而非对知识的深度理解。这种功利性的学习动机有可能削弱学生对历史学科的真实热情,使学习变得单调乏味。

最后,这种评价方式也使得教育评价失去了社会责任这一功能。评价的主要目标是对学生的学习成果和教师的教学质量进行反馈,促进教育的进步和学生个体的发展。然而,以测试为主的评价方式将评价目标狭窄化为选拔和排名,使得教育评价的社会责任受到忽视。这种狭隘的评价方式难以满足学生全面发展的需求,也无法为学生提供更加个性化和有针对性的教育服务。

3.评价的内容片面

传统初中历史教学评价存在着一些问题,首先是学术性过于突出,可能影响学生的正常认知。教师在设计历史试卷时常常会加入自己的独特见解,这使得学生不仅需要理解历史事件本身,还需解读出题者的思想情感,增加了认知和理解的难度。

其次,单一的评价活动导致学生过于专注于历史知识的学习,而忽视了其他方面的发展,这不利于学生未来更好地适应社会。在传统初中历史教学评价过程中,智育被过度强调,而学生的德育、体育、美育等其他方面的发展却被忽视。这种单一评价方式也可能影响学生学习态度与学习习惯的形成,阻碍其学习能力和创新思维的发展。

第三,单方面的知识评价虽然突出了某些方面,却可能影响到主干知识的呈现,使得历史教学的功能被弱化。特别是在中国近现代史等重要内容中,过度关注某些细枝末节可能会导致对重要历史事件和发展脉络的认知不足,影响学生对国家发展的整体理解。

因此,传统初中历史教学评价需要进行转变。评价内容应更加全面,不仅仅关注学术性,还应考虑学生的综合素质和社会适应能力。评价活动也应更加多样化，包括知识考核、能力评价、情感态度考察等方面，以促进学生全面发展和综合素质的提升。同时，在评价过程中应注重平衡，确保学生对重要知识的掌握，同时也要注重培养学生的批判性思维和综合分析能力，以更好地促进学生的全面发展。

4. 评价标准缺少客观性和全面性

在传统初中历史教学评价中，评价标准往往不够客观、全面，过度强调学生之间的相互比较和分数的排名。这种评价方式容易忽视学生个体差异性评价的价值和作用，同时也给学生带来过重的压力，对其综合素质全面发展产生阻碍作用。

首先，过于注重学生间的相互比较容易导致评价标准的主观性增加。教师可能受到个人喜好、教学风格等因素的影响，在评价学生时存在一定的主观性。这使得评价结果不够客观，不同教师可能对同一学生有不同的评价，影响评价的公正性。

其次，过分强调分数排名可能使得学生陷入过重的竞争和压力之中。传统的评价方式往往以分数为主要依据，学生很容易将学习目标局限在追求高分上，而忽略了对知识的深度理解和对综合素质的培养。这种竞争导向的评价方式容易削弱学生的自主学习动机，影响其学习态度和兴趣。

最后，忽视学生个体差异性评价的价值容易导致评价体系的僵化。每个学生都是独特的，他们的学习风格、兴趣和天赋都不同。传统评价过度侧重学科知识和标准答案，忽视了个体差异，使得教育评价难以真实反映学生的实际水平和潜力。

为了解决这些问题，需要建立更加客观、全面、个性化的评价体系。评价标准应该包括学科知识、能力培养、综合素质等多个方面，注重学生个体差异的认可和发展。此外，评价过程中应引入多元化的评价方法，如项目评估、实际操作、口头表达等，以更全面、客观地了解学生的学习状况和发展情况，促进其全面素质的提升。

二、设计多维度的评价内容

评价内容实则体现着评价主体的思路,在教学评价活动中起着导向和指引的作用。传统的"应试"评价行为只关注学生的考试成绩,以及学生在一定周期内的知识迁移情况,忽视了教学过程,导致评价与教学活动相割裂,无法发挥评价的激励与诊断作用。新课标提出,要以考核学生核心素养的发展状况为目标,从多个维度判断历史教学活动的育人效果。为此,初中历史教师应根据核心素养目标设计多维度的评价内容,实时关注学生的学习行为、态度、效益等,以切实突出的评价促进学生学习并改进教学内容方式。比如,在"百家争鸣局面"一课的教学中,教师可以设计以下评价内容。

(一)知识储备与理解情况

1. 评价学生对百家思想流派理解的准确性和水平

评价学生对百家思想流派理解的准确性和水平是历史教育中的重要部分。学生需要准确描述儒家、道家、墨家、法家等不同思想流派的核心特点及代表人物,在这个过程中,学生需要理解每个思想流派的核心观点以及它们对社会变革所产生的影响。儒家注重仁义礼智信,强调以仁为本、礼为纲,孔子是其代表人物;道家追求自然无为,主张顺应自然,老子是其代表人物;墨家提倡非攻兼爱,倡导以兼爱为宗旨,墨子是代表人物;法家强调法治重刑,主张以法治国,以韩非子等为代表人物。

评价学生理解的准确性和水平需要考察他们对这些思想流派的把握程度与区分能力。学生应该能清晰描述每种思想流派的核心观点,并能正确地将其与代表人物联系起来,进一步分析这些思想对社会变革所带来的影响。例如,儒家思想对中国社会的价值体系和道德规范产生了深远影响,而法家思想的法治理念则对政治制度和社会秩序产生了重要影响。学生还应该具备辨析能力,能够准确理解各思想流派之间的区别和联系,不仅在概念上有明晰的界定，更能深入挖掘其背后的思想内涵与价值观。同时，学生还应该能够运用所学知识，探讨这些思想对当今社会的启示和意义，促使学生能够将历史文化与现实社会相结合，增强对学科内容的实践应用能力。

评价学生对百家思想流派理解的准确性和水平有助于培养学生的历史思维方式和文化素养，促使学生对中华传统文化有更加深入的认识，同时也促进学生成为有独立分析和批判思维能力的终身学习者和积极社会参与者。这样的评价方法不仅能够评估学生对历史思想的掌握情况，还能够引导学生形成系统性、多角度的历史思维方式，促进学生全面提升并运用历史知识的能力。

2. 评价学生对百家争鸣局面出现的历史背景和原因的理解程度

厘清百家争鸣局面的历史背景和原因是学生理解中国春秋战国时期思想蓬勃发展与百家学派各异立场的关键。学生需运用唯物史观，站在社会历史角度，深入分析那一段时期的社会转型与思想变革，以此理解百家争鸣的必然性。在春秋战国时期，中国社会经历了动荡不安的政治格局，诸侯割据，战乱频发，社会秩序混乱，这是百家争鸣形成的背景之一。春秋时期的礼乐道德秩序逐渐崩坏，传统的伦理道德体系已经不再适应社会多变的需求，这种社会价值观念的混淆和失效，也为思想家们提供了提出新观点的契机。

随着社会的变迁和发展，春秋时期分封制逐渐崩溃，社会经济发展愈加不平衡，加剧了人民疾苦，形成了广泛的社会矛盾。同时，礼教道德秩序逐渐失去约束力，这也成了推动百家争鸣产生的原因之一。由于社会传统观念的根基被动摇，人们开始思考新的伦理观念和社会秩序的建设，从而催生了百家思想的激烈讨论。

3. 评价学生对百家争鸣所产生的历史影响的理解程度

百家争鸣在中国历史上产生了深远的影响，评价学生对其所产生的历史影响的理解程度需要从政治、文化、教育等多个角度考察。首先，儒家成为中华传统文化的重要组成部分。儒家思想注重人伦关系、社会秩序和道德规范，对中国社会文化的发展起到了重要的指导作用。儒家思想的核心观念，如仁、礼、义、孝等，深深地影响了中国社会的价值观念和行为准则，促进了社会的和谐稳定。其次，道家也对中国社会文化的发展做出了重要的贡献。道家主张无为而治，追求自然与人的和谐，强调个体的自由和内心的安宁。这种追求自由、平静和超越形式的思想，影响了中国文化的审美观念、艺术表现方式和哲学思辨方法等。第三，墨家的一些理念也对中国社会文化的发展产生了影响。墨家提倡的兼爱、非攻理念强调人与人之间的平等、和谐与团结，对后来的社会思潮和伦理观念起到了积极的推动作用。此外，百家争鸣还对中国古代教育产生了重要影响。百家思想的激烈争辩为古代中国教育提供了丰富的思想资源和多样的学派选择。这种学派间的交锋不仅拓宽了知识领域，也推动了教育内容与教学方法向多样化转型，从而促进了教育的全面发展。学生应从政治、文化、教育等多个角度对百家争鸣所产生的历史影响进行全面考察，准确把握各个思想流派对相关领域的贡献和影响。

（二）关键能力的形成与发展

1. 评价学生运用独立思考、分析问题和解决问题的能力

评价学生独立思考、分析问题和解决问题的能力在历史教育中具有重要意义。学生应该能够运用各种历史材料获取信息，对不同思想流派的观点进行分析，并提出自己的见解和判断。

学生在独立思考方面的能力表现在他们是否能够从不同的角度和视角去审视历史事件和思想流派，能否形成独特而深入的理解。通过对历史材料的解读和分析，学生应该能够抓住关键信息，提炼出核心观点，并能够将其与其他相关信息进行对比分析。这种独立思考的能力能够体现学生对历史事件和思想的理解和反思，使他们能够避免被动接受知识，更加主动地进行思辨和提问。

在分析问题方面，学生需要具备辩证思维和批判思维的能力。他们应该

能够将不同的观点进行对比，寻找联系和差异，并能够理解不同观点背后的逻辑和价值取向。学生还应该能够分析历史事件和思想流派对社会、政治、文化等多个方面的影响，并能够从中归纳出一般规律。

解决问题的能力被视为评价学生的关键素养之一。学生需要具备在理论和实践结合的基础上，提出解决问题的具体方法和策略的能力。他们应当能够运用历史材料和所学知识，深入分析问题的本质，研究相关因果关系，并能够给出合理而富有创意的解决方案。同时，学生还应该能够批判性地评估不同解决方案的可行性和局限性，以便做出明智的选择。

2. 评价学生从不同思想流派的角度分析百家争鸣对中国古代社会产生影响的过程

学生从不同思想流派角度分析百家争鸣对中国古代社会产生的影响，需要通过对历史事件和文化现象的解读来准确把握百家争鸣的历史背景和当时思想家的观点。儒家、道家、墨家、法家等思想流派侧重点不同，因此，从不同角度分析各思想流派对古代社会的作用具有重要意义。

儒家强调仁义礼智信，孔子等代表人物主张礼乐教化，提倡道德伦理，对古代社会的道德建设和社会秩序产生深远影响；道家强调无为自然，强调顺应自然规律，注重内在心灵的修养，对古代社会的人文精神和宇宙观念的产生有所贡献；墨家强调兼爱非攻，倡导兼爱互利，推崇普世价值观，影响了古代社会的道德风尚和社会团结；法家倡导法治重刑，主张建立清廉严明的法律制度，对古代社会的政治秩序和法律体系产生重大影响。

学生在评价百家争鸣对古代社会产生的影响时，应该全面理解各思想流派的核心观点，并结合历史背景，解释其影响因素和作用机制。通过对儒家、道家、墨家、法家等思想流派的对比分析，学生可以从道德、宗教、政治、法律等多个角度理解百家争鸣对古代中国社会的深刻影响，形成复合性、全局性的历史认知。

评价学生这一方面的能力需要考察其对历史事件和思想流派的理解深度

和广度，要求学生能够准确运用知识和信息，进行批判性思考和独立分析，从而能够辨析不同观点之间的联系和冲突，形成有逻辑性和说服力的观点和论证结构。这样的评价方式可以激发学生的历史思考和文化理解的能力，培养他们的分析和判断能力，提高其对于历史事件与思想流派关联及影响的认知水平。

3. 评价学生结合当代社会实际，对百家争鸣对现代社会的启示和意义的理解

学生结合当代社会实际思考百家争鸣对现代社会的启示和意义，需要将历史思想与当代社会发展相结合，探讨在多元文化背景下建立文化自信等问题。百家争鸣作为中国古代思想宝库，对当代社会依然具有重要的指导意义。

首先，儒家的仁义礼智信思想可以为现代社会提供道德伦理建设的参考。在当今社会价值观多元的背景下，儒家强调的仁爱之道、礼节之规、诚信待人等观念仍然具有重要的现实意义。学生应该能够从儒家传统中汲取正面价值，促进社会和谐与进步。

其次，道家的无为而治、清静自守思想能够引导当代青年追求内心平静与自我修养。在现代社会的快节奏、高压力环境下，灵活运用道家观念，适时冷静思考、享受平和生活，有助于提高生活幸福感，促进心理健康。

墨家的兼爱非攻理念和法家的法治思想也值得当代社会借鉴。在国际关系纷繁复杂的情况下，通过倡导和践行兼爱互利的墨家精神，可以促进和平和发展；同时，法治思想的引入对建立健全的法治体系和维护社会公平正义具有积极的指导意义。

在当代多元文化交流日益深入的背景下，如何建立文化自信成为摆在我们面前的现实问题。通过思考百家争鸣对现代社会的启示，我们可以清晰地认识到如何在多元文化交融中找到中国文化的独特价值，并保持坚定的文化自信。百家争鸣所蕴含的丰富智慧和多元观点可以帮助我们更好地认识自身文化，与世界各国文化进行对话交流，塑造包容、开放的文化理念，促进文明互鉴、共同发展。

评价学生结合当代社会实际思考百家争鸣对现代社会的启示和意义，需要考察其对历史思想的理解深度和对当代社会问题的敏感性。这种思考能力的培养可以帮助学生更好地应对当代社会挑战，促进个人综合素质和社会责任意识的提升。

（三）人文素养与品德发展方面评价

1. 评价学生在史料查找和研究过程中坚持实事求是、严谨客观的精神的情况

（1）学生在史料查找和研究过程中要具有实事求是的精神

他们要能够积极运用各种历史文献和资料，包括古籍、史书、考古发现等，从不同角度获取信息，并辨析其科学性和可靠性。在整理和分析史料时，学生应遵循客观公正的原则，避免主观臆断和个人偏见的影响。

（2）学生在研究过程中要始终保持严谨和客观的精神

学生要能够进行全面的资料收集和分类整理工作，审慎选择可信度高、权威性强的史料作为研究依据，并进行准确的引用和注释。在进行分析和解释时，学生应关注证据的充分性和逻辑的严密性，通过合理的论证和推理，得出准确的结论。

2. 评价学生对思想家的人格魅力有无深入思考和感受

（1）学生是否能够从思想家的生平经历中深入思考和感受其人格魅力

通过对思想家的个人成长历程、社会背景的了解，学生能够从中体会到思想家对社会、人类发展的追求，以及他们的个人责任感和共同的价值目标。能够理解并赞赏思想家坚持自己信仰、追求真理的毅力与勇气，学会在众多困难和挑战中始终保持初心和热忱。

（2）学生是否能够从思想家所倡导的价值观中得到启示

通过深入研究思想家的作品和思想体系，学生能够认识到这些思想家所强调的人文关怀、道德理念、社会公平正义等价值观在当代社会中的重要性。他们能够从中汲取智慧，指导自己的行为和生活，并积极传播这种精神，推动社会的进步与发展。

3. 评价学生对中华优秀传统文化的认同感和身份认同

学生通过对百家争鸣的研究和思考，加深对中华传统文化的认同感。他们能够从百家争鸣中深入理解中国古代思想文化的多样性和独特性，并认识到这些思想流派对中国社会发展和文化传承的重要性。学生通过学习和研究，意识到中华传统文化是自己的根基和源泉，培养学生尊重和珍视中华文化。

学生通过对百家争鸣的思考，培养了对文化遗产的继承意识和开放的文明交流观念。他们可以从中认识到中华优秀传统文化具有广泛影响力和独特价值，能够主动与不同文化进行对话和交流，拓宽自己的视野和思维，将中华传统文化融入当代社会生活中，与世界各国共同推进文明的交流与进步。

三、选择多元化的评价手段

新课标指出，应综合运用诊断性评价、形成性评价、终结性评价等多种方式推进教学评价活动，既要积极总结教学效益，也要客观反思教学的实施情况，以便及时总结有效的评价结论。因此，初中历史教师应根据教学需求设计多元化的评价方式，提高评价信息的客观性与准确性，并根据评价反馈改进教学结构，优化学生的学习行为。在此方面，初中历史教师可以从以下两个角度选择合适的评价工具。

（一）选择量性评价工具，诊断教学效益与学习成果

量性评价工具是指通过一定的数据测量去判断学生在一定周期内的学习效益和成长状态的一种评价手段，其特点在于准确、客观，能够帮助学生自

主总结出有效的学习经验。在初中历史教学中，教师可以选择以下几种量性评价工具。

1. 量性评价工具之课堂检测

（1）课堂习题设计

教师可以设计具有挑战性、启发性和思辨性的历史习题，涵盖历史知识点的不同层次和维度。通过这样的设计，可以检验学生的认知水平、分析能力和综合应用能力，从而全面评估他们在历史学习过程中对历史知识的掌握情况。

（2）实时反馈

通过课堂检测工具，教师能够及时了解学生在特定知识领域的理解情况和掌握程度，从而及时进行反馈和指导。教师可以根据学生在课堂检测中表现出的强项和薄弱项，有针对性地调整后续的教学内容和方法，帮助学生更好地理解和吸收历史知识。

（3）数据分析

通过对课堂检测结果的数据分析，教师可以发现学生普遍存在的问题和疑惑，帮助他们建立知识链条并梳理学习逻辑。同时，教师还可以根据学生的表现情况，制定个性化的学习计划，促进学生的个体发展。

2. 量性评价工具之学科作业

（1）作业设计

学科作业可以包括基础作业、拓展作业和提升作业，旨在帮助学生巩固所学知识、提高综合运用能力。教师可以设计多样化的作业内容，注重历史知识点的整合和实际应用，促使学生进行深入思考和独立探究。

（2）作业批改与反馈

教师在批改学科作业时应及时给予学生详细反馈和建议，指导他们进行历史解释、史料分析等。通过作业的批改，学生可以了解自己的学习成果和不足之处，引导他们进行自主总结和进一步学习。

（3）作业总结与订正

教师还可以组织学生对作业进行总结和订正，引导他们查漏补缺、提升写作表达能力。通过作业总结与订正，学生可以渐进式地完善历史知识框架，提高学习效果，培养持久的学习兴趣和动力。

3.量性评价工具之历史考试

（1）考试设置

教师可以根据学生的学习内容和历史课程要求，设计综合性历史考试内容，覆盖不同知识点和技能要求。考试设置应注重考查学生对历史概念的理解、历史事件的分析、历史材料的处理能力等方面，促使学生全面发展。

（2）成绩分析

通过历史考试的成绩分析，教师可以了解学生的学习状态和发展趋势，把握学生整体学习水平和个体表现差异。教师可以将学生成绩转化为数据图表，进行成绩对比与趋势分析，帮助学生了解自己的学习状态，促使其做出改进和提升。

（3）效果优化

历史考试评价不仅是对学生学习成果的总结，还给教师提供了具体改进与优化教学方案的契机。教师可以根据考试结果，结合学生学习情况和实际需求，设计个性化的教学计划，制定具有针对性的历史教学策略，激发学生学习兴趣，推动其历史素养的全面提升。

（二）选择质性评价工具，追踪教学过程与学习行为的质性评价工具

1.质性评价工具之学生成长记录袋

（1）学生成长记录袋设计

教师可以引导学生设计自己的学生成长记录袋，包含学生在历史学习过程中的学习记录和成果资料。学生可以在记录袋中整理自己的学习笔记、作

业、项目成果、参与的历史实践活动等，形成一个个人学习档案袋。

（2）反思与总结

学生定期回顾学生成长记录袋，反思自己在历史学习过程中的学习成果、学习态度和学习策略应用效果等。他们可以通过总结和自我评价，发现自己的优点和不足，从而更好地调整学习方法和提高学习效果。

（3）学习交流与分享

学生可以在小组或班级内部进行学习记录袋的交流和分享，相互学习和借鉴彼此的学习经验。这种开放式的学习交流有助于学生之间的互补和合作，促进整体学习氛围的提升。

2. 质性评价工具之表现性评价工具

（1）观察记录

教师可以通过观察学生的学习行为和课堂参与状况，记录其在历史课堂中的表现，包括积极参与讨论、独立思考、问题解决能力等方面。观察记录可以客观反映学生的学习态度和主动性，有助于评价学生的学习行为和参与度。

（2）学习日志

学生可以撰写学习日志，记录自己在历史学习过程中的心路历程、学习收获和感悟等。通过学习日志，教师可以了解学生的学习动力、学习目标与策略，并及时给予指导。

（3）项目成果展示

学生可以通过个人或小组项目的展示来评价自己的学习成果。这些项目可以是口头报告、课件制作、海报设计等，这种项目成果展示能够全面体现学生的历史知识掌握情况、思维能力和合作能力，从而可对学生进行多维度的质性评价。

3. 质性评价工具之学习行为观察

（1）学习笔记观察

教师可以观察学生的学习笔记，了解他们对历史知识的理解情况和知识整理能力。通过观察学生的学习笔记，可以评价他们对关键概念和重要内容的把握情况，并根据观察结果，给予针对性指导。

（2）学习策略运用观察

教师可以观察学生在历史学习中采取的学习策略，如思维导图、归纳整理等。观察学生学习策略的运用情况，并评价他们的学习方法和学习效果，引导他们更好地运用有效的学习策略。

（3）合作学习观察

在合作学习活动中，教师可以观察学生的合作态度和能力。评价学生的沟通交流、团队协作等方面的表现，指导他们的合作学习技巧，培养其团队合作精神，并给予相应的指导和鼓励。

第二节 初中历史课程教学评价标准

一、评价标准设计的理念

（一）以教学目标为导向的评价标准

初中历史课程教学评价标准的制定原则是确保评价体系与教学目标密切相关，具有导向性和指导性，能够全面、客观、科学地评估学生在历史学科学习中的表现。

1.评价标准应当是教学目标导向的

评价标准的导向性原则是建立在教学目标之上的，它为教育活动提供了明确的方向和依据。

首先，教学目标是教育活动的根本出发点和目的。在设计教学目标时，教师应明确期望学生在认知、技能、情感和综合层面达到的具体结果。这些目标旨在引导学生全面发展，培养其综合素养。评价标准应当与这些明确定义的目标保持一致，以确保评价的准确性和有效性。

其次，评价标准的教学目标导向性有助于形成科学的评价体系。通过将评价标准与教学目标紧密结合，可以建立起一个层次分明、体系完整的评价框架。这样的框架能够清晰地展现学生的学业水平，有助于教师全面了解学生的发展状况，为有针对性地教学提供依据。

在认知层面，评价标准应当综合考虑学科知识的广度和深度。这可以通过考查学生对于基础概念的理解、扩展知识的能力以及深入思考和解决问题的能力来实现。评价标准应当具体而明确，使教师能够对学生的认知水平有清晰的把握。

在技能层面，评价标准需要关注学生的应用和实践能力。这可以通过考查学生在实际问题中运用所学知识解决问题的能力、实验操作的熟练程度以及创新思维的表现来实现。评价标准应当注重学生的实际应用能力，以培养他们更好地适应未来的工作和生活。

在情感层面，评价标准应当关注对学生的情感态度和价值观的培养。这可以通过考查学生对学科的感兴趣程度、积极参与学科活动的态度以及团队协作和沟通能力来实现。评价标准应当引导学生树立正确的人生观、价值观，培养积极向上的情感态度。

在综合层面，评价标准应当综合考查学生在认知、技能和情感方面的综合表现。这可以通过设计项目作业、综合性考试或者对实际项目的评估来实现。评价标准应当能够全面了解学生的整体素质，为学校和教育机构提供关于教学效果的全面反馈。

总的来说，评价标准应当与教学目标保持一致，以确保评价的科学性和有效性。评价标准的导向性原则有利于建立起科学的评价体系，为学生全面发展提供有力的支持。

2. 评价标准要具有科学性

科学性是评价标准制定的重要原则，它涵盖了多个层面，确保评价体系在理论基础、学科发展规律、心理学因素以及实际教学经验等方面都具有科学性和实用性。首先，评价标准的制定必须建立在扎实的教育学理论基础上。在深刻理解学习过程、学生发展、教学方法等教育学理论的基础上制定的评价标准可以更好地反映学科的内在规律，为学生提供有针对性的教学目标。此外，科学性要求评价标准考虑学生的心理发展因素，充分理解学生在不同年龄阶段的认知需求和情感发展，确保评价能够全面客观地反映学生的发展水平。

与此同时，科学性也要求评价标准结合具体学科的发展规律。不同学科有着独特的特点和发展趋势，评价标准应当充分考虑这些差异，促进学科知识的系统化和深化，使学生在学科学习中形成合理的认知结构。在制定评价标准时，还需要结合实际的教学经验，综合考虑教学环境、学生特点以及教育资源等因素，以确保评价标准有利于实际操作、贴近学生需求，能够在实际教学中得到有效应用。

科学性还要求评价标准要反映评价方法的科学性。评价方法应当符合心理学原理，保证评价过程的客观性、公正性和可靠性。评价标准与评价方法的科学性的有机结合，使评价结果更具说服力和准确性。综合来看，科学性是评价标准制定的基石，为评价体系的建设提供了稳固的理论基础和实践指导，使其成为真正能够反映学科和学生发展的科学评价工具。

3.评价标准需要具有指导性

评价标准具有指导性是确保学生学习和教师教学有效进行的重要原则。指导性要求评价标准能够明确规定学生需要达到的标准，同时为教师提供教学方向和引导。

首先，评价标准的明确性对学生的学习十分重要。学生需要清楚了解自己在学习过程中所需要达到的标准和要求。通过明确的评价标准，学生能够更加具体地了解自己的学习目标，从而有针对性地制定学习计划、调整学习策略，提高学习效率。评价标准的明确性也可以帮助学生更加明晰地了解学习的方向，激发其学习的积极性和主动性。

其次，评价标准的指导性对教师的教学也具有重要意义。教师可以根据评价标准的要求，有针对性地设计教学活动和课程内容，合理安排教学进度，提供符合学生需求的教学资源和指导方案。评价标准的指导性有助于教师更加清晰地了解学生的学习状况和需求，并根据实际情况及时调整教学方法和策略，更好地促进学生的学习发展。

评价标准的指导性还有助于提高教学活动的针对性和灵活性。教师可以根据评价标准的要求，针对学生的不同特点和水平，采取灵活多样的教学方法和手段，促进学生全面发展。评价标准的指导性使教学活动更加有针对性，能够更好地满足学生的学习需求，提高教学效果。

4. 评价标准需要与时俱进

与时俱进是保证评价体系能够适应教育和学科发展变化的关键原则。教育和学科领域的不断变化要求评价标准能够随之调整和更新，以反映最新的研究成果、教学理念和教育政策，确保评价体系的时效性和有效性。

首先，评价标准需要反映学科领域的最新研究成果。随着社会和科技的发展，学科领域的知识体系和理论框架也在不断更新和完善。评价标准应该及时吸纳新的研究成果，确保评价内容与学科最新发展保持一致，从而更好地反映学生的学习成果和能力水平。

其次，评价标准需要紧密关注教学理念的变化。教育理念和教学方法在不断创新和改进，评价标准应该及时调整以适应这种变化。例如，随着教育技术的发展和教学模式的多样化，评价标准需要考虑到这些新的教学方式对学生学习成果的影响，为教育教学提供更为灵活和更具适应性的评价指标。

再次，评价标准也需要符合国家教育政策的要求。教育政策和制度的变化会直接影响到教学目标和评价体系的制定。评价标准应该与国家教育政策保持一致，确保促进教育教学改革和发展的同时保证评价体系的合法性和有效性。

最后，评价标准的与时俱进需要建立在持续的教育研究和专业交流基础上。教育从业者需要不断关注最新的教育理论和实践经验，积极参与教育研究和专业交流活动，以及时了解和应用最新的评价方法和标准，从而提升评价体系的时效性和有效性。

总体而言，初中历史课程教学评价标准的制定应当紧密结合教学目标，具有科学性、指导性、全面性和时效性，以确保评价体系能够充分反映学生在历史学科学习中的真实水平，为教学提供有力的支持。这一过程需要结合教育专业人员、学科专家和教师的实际经验，形成科学合理的评价标准。

（二）学科素养与能力的权衡

学科素养和能力的权衡在教育领域中具有重要意义。学科素养是指学生在某一学科领域内所具备的基本知识、概念和价值观，而能力则包括学生在该学科领域内所能够展现出的实际操作、分析思维和解决问题的能力。权衡学科素养与能力的关系，不仅有助于学科的全面发展，更有助于学生在面对现实问题时能够灵活应对，综合运用所学知识。

首先，学科素养与能力的权衡需要突显学科的核心概念和基本知识。学科素养是学科学习的基础，它涉及学生对学科内核心概念和基本知识的掌握。这是学生对学科的分析思考和深刻理解的前提。在权衡中，应注重确保学生对学科核心概念的深入理解，同时通过激发学生的学科兴趣，引导其对学科知识进行主动学习。

其次，能力的培养应当贯穿于学科素养的发展过程。学科素养与能力的关系并非割裂的，而是相辅相成的。学科素养的提升需要通过培养学生实际操作、分析思维和解决问题的能力来实现。例如，在历史学科中，学生不仅要了解历史事件的发生，还需要培养整合史料、运用历史方法进行研究的能力。因此，在权衡过程中，应当注重学生能力的培养，使其在解决实际问题时能够运用所学知识，展现学科素养的实际应用。

第三，权衡学科素养与能力需要关注学生的综合素质培养。学科素养和能力的培养不仅是为了使学生获取和应用学科知识，更是为了全面培养学生的综合素质。在历史学科中，除了掌握历史知识和方法，学生还应培养批判性思维、团队协作、跨学科能力等综合素养。因此，在权衡中，应注重培养学生的创新能力、沟通能力、批判性思维等，使学科素养与能力的培养更有利于学生全面提升综合素质。

最后，权衡还需关注学科素养与能力的可持续发展。学科素养和能力的培养是一个长期过程，需要在不同学段、学科层次中持续推进。在初中学科教育中，既要确保学生扎实掌握学科基础知识，又要培养其实际运用知识的能力。在高中学科教育中，则更加注重深度拓展，引导学生对学科领域进行更深层次的研究和实践。

二、广泛参与的评价主体

（一）教师参与的角色与职责

在制定评价标准和进行评价活动时，参与的主体之一是教师。教师在评价中发挥着重要的作用，他们的角色和职责对确保评价的全面性、公正性和有效性至关重要。

1. 教师在评价标准的制定过程中充当引导者和制定者的角色

他们需要根据学科特点、学生特点以及教学目标，明确具体的评价标准。教师应当引领团队，确保评价标准具有科学性、可操作性和适应性，能够全面反映学生在各方面的学科发展情况。

2. 教师在评价中充当教学设计者的角色

评价和教学密切相关，教师需要设计能够促进学生学科素养和能力发展的教学活动。评价标准应该与教学活动相一致，以确保评价结果真实地反映出学生的实际水平。教师需要结合课程目标和学科标准，设计有利于学生全面发展的评价任务和活动。

3. 教师在学生学科发展中是重要的指导者

通过评价，教师能够深入了解学生的优势和不足，为学生提供个性化的指导和支持。在评价结果出来后，教师需要及时反馈给学生，帮助他们认识到自己的潜在能力和发展方向，指导他们在学科素养和能力方面进行进一步的提升。

4. 教师是评价过程中的参与者

教师需要积极参与到评价活动中，他们不仅是执行者，更要成为推动者。教师应当积极与其他评价参与主体，如学生、家长、教育专家等进行合作，共同参与评价标准的制定和评价结果的分析，确保评价的多元性和客观性。

5. 教师在评价中是不断改进的推动者

通过不断总结评价经验，教师能够发现评价过程中存在的问题，不断优化评价标准和方法。教师应当具备反思意识，将评价结果作为改进教学的重要参考，进而促进自身教学水平和学科素养的进一步提高。

总而言之，在评价过程中，教师的角色不仅是执行者，更是评价活动的组织者、推动者和引导者。他们需要具备教育理论、评价理论和学科知识的扎实素养，能灵活运用多样的评价手段，确保评价的科学性与有效性，从而促进学生全面素质的发展。

（二）学生参与的渠道与方式

学生参与评价标准的制定是教育领域中的一项重要实践，它能够促进学生主动学习、培养他们的批判性思维能力以及增强他们自我管理和反思的能力。以下是学生参与评价标准制定的渠道与方式：

1. 学生代表参与评价委员会

学校可以设立专门的评价委员会，邀请学生代表担任委员会成员。这些学生代表可以来自不同年级、不同学科，代表着全体学生的利益。评价委员会可以定期召开会议，讨论并制定评价标准，学生代表在其中发表自己的意见和建议，共同参与评价标准的制定过程。

2. 学生参与小组讨论和工作坊

教师可以组织学生参与小组讨论和工作坊，就特定学科或教学活动的评价标准展开讨论。通过小组讨论，学生可以提出自己对于学科发展和学习需求的看法，共同探讨如何制定更加符合实际的评价标准。工作坊则为学生提供了更为深入的学习机会，学生可以在指导教师的帮助下，系统地了解评价标准的制定原则和方法。

3. 学生参与评价项目和研究

学生可以参与评价项目和研究，收集和整理有关学科发展和学生学习的数据和信息。他们可以参与设计调查问卷、收集实地观察数据、分析评价结果等工作，从而深入了解学科素养和能力的培养需求，为评价标准的制定提供实际依据。

4. 学生自我评价和反思

学生可以通过自我评价和反思的方式，参与评价标准的制定。教师可以设计学习日志、学业总结等，让学生记录自己的学习过程和收获，反思自己的学习方式和效果。通过这样的自我评价，学生可以更好地理解学科目标和评价标准的要求，从而对评价标准的制定提出建设性意见。

5. 学生参与课堂评价和反馈

在课堂教学中，教师可以设立课堂评价和反馈机制，让学生参与对课堂教学的评价和反馈。学生可以通过课堂讨论、问卷调查等形式，表达对教学内容、教学方法以及课堂氛围等方面的看法，为教师调整教学策略提供参考意见，同时也促使学生在学习过程中主动思考和积极参与。

6. 学生参与学科竞赛和项目展示

学生可以通过参与学科竞赛和项目展示的方式，展现自己在学科方面的成果和能力。这既是对学生学业水平的考核，也反映了学生对学科目标和评价标准的理解与认同。学生在竞赛和项目中的表现可以为评价标准的制定提供具体案例和参考依据。

总而言之，学生参与评价标准的制定不仅增强了学生的学习动力和主动性，也能够使评价标准更加贴近学生的学习需求和实际情况。这种学生参与的评价标准制定方式，有助于建立起更加民主、公正、科学的评价体系，推动学生全面发展和素质提升。

（三）家长与社会的协助

在评价标准的制定过程中，家长和社会的协助是至关重要的环节。他们的参与不仅能够促进评价体系的全面性和公正性，还有助于加强学校、家庭和社会之间的合作，共同推动教育事业的发展和进步。在家长和社会的协助下，评价标准得以更好地反映学生的真实水平和需求，从而更有效地促进教育教学的改进和提高。

家长作为学生成长过程中的重要参与者，他们对学生的学习情况了解得更为全面。因此，他们能够提供宝贵的学生学习情况反馈，包括学生在家中的学习情况、学习态度、兴趣爱好等方面的观察和评价。这些反馈信息对评价标准的制定和调整具有重要的参考意义，有助于评价体系更加全面地考查学生的学习状况，从而更准确地反映学生的真实水平和需求。

家长的参与还能够促进学校与家庭之间的密切合作，形成教育共同体。通过与家长的沟通和合作，学校可以更好地了解学生的家庭背景、家庭教育理念和家庭教育资源，有针对性地制定评价标准和教育计划，更好地满足学生的学习需求。同时，家长也可以更加清晰地了解学校的教育目标和教学要求，更好地配合学校的教育工作，共同关注和促进学生的全面发展。

社会的协助对于评价标准的制定和实施同样具有重要意义。社会各界的专家学者、教育机构、行业协会以及相关社会组织等，都可以为评价标准的制定提供专业支持和意见建议。他们通过丰富的教育经验和专业知识，能够为评价标准的科学性、准确性和实用性提供有力保障，从而提高评价体系的质量和水平。

社会的广泛参与还能够促进教育资源的共享和优化配置。通过社会各界的合作和支持，可以为学生提供更为丰富多样的学习资源和学习机会，这不仅能满足不同学生的学习需求，而且有助于他们的全面发展。同时，社会的广泛参与还能够为学生提供更多的社会实践平台和实践机会，帮助他们更好地将理论知识应用于实践，提高综合素养和创新能力。

三、评价标准的内容

参考《义务教育历史课程标准（2022 年版）》中对历史课程的学业质量的描述，本书认为初中历史课程的教学评价标准可以有以下几方面的内容：

表 6-1　初中历史课程评价标准

评价维度	具体要求
知识与理解	1. 能够准确地描述和解释历史上的重要事件和人物。 2. 能够将历史事件和人物置于正确的历史背景和时间轴上。 3. 掌握识读历史地图的基本方法，将历史事件与地理空间相联系。
分析与解释	1. 能够评价和分析历史史料的可信度和意义。 2. 利用史料对历史事件进行简要说明和解释。 3. 了解并能够解释历史发展中的因果关系、变化趋势和重要联系。
思维能力	1. 从不同角度分析历史事件，形成独立的观点和判断。 2. 理解历史发展的基本规律和历史进程中的大趋势。
情感态度与价值观	1. 具备正确的历史情感和价值观，如对祖国历史的尊重和对历史人物的理性评价。 2. 具备历史责任意识和担当意识，反思历史事件对当今社会的影响和启示。
综合表现	1. 能够清晰、有条理地表达对历史事件的看法和观点。 2. 通过口头或书面方式，准确传达自己的历史理解和观点分析。 3. 与同学共同学习、合作探讨，促进良好的学习氛围。 4. 具备自主学习的能力，主动学习历史知识和思考历史问题。

（一）知识与理解

学生需要能够准确描述和解释历史上的重要事件和人物。以中国历史为例，学生在学习中国近代史时，应当能够详细描述辛亥革命，包括辛亥革命的原因、过程和影响。例如，学生能够理解清朝衰弱、国人觉醒和外部势力的影响，进而描述辛亥革命爆发、武昌起义的经过，以及辛亥革命对中国历史的深远影响。学生需要能够将历史事件和人物置于正确的历史背景和时间轴上。继续以中国近代史为例，学生在学习鸦片战争时，应当能够理解这一事件发生在清朝晚期，理解它是中国近代历史的一个转折点。例如，学生可以描述鸦片战争爆发的原因，如贸易不平衡、英国对中国的不满，以及鸦片战争导致的不平等条约的签订等，使中国走向半殖民地半封建社会。学生需要掌握识读历史地图的基本方法，将历史事件与地理空间相联系。在学习丝绸之路时，学生应当能够在地图上标示出丝绸之路的主要路径，并理解它对文化、经济以及东西方交流的重要作用。例如，学生可以解释丝绸之路的起点、途经的国家和城市，以及通过丝绸之路传播的文化和商品。

（二）分析与解释

学生需要具备辨识历史史料的能力，包括文献、图像、口述材料等。他们应当能够对史料的来源、时代背景、作者动机等进行评价，判断其可信度。例如，在学习关于一场战争的历史史料时，学生可以分析史料的来源是否具备客观性，作者是否有倾向性，以及是否存在时间差异等，来评估史料的可信度。同时，学生还需了解史料的意义，即这些史料如何反映当时社会的文化、政治和经济状况。学生需要能够利用史料对历史事件进行简要说明和解释。例如，在学习关于工业革命的历史事件时，学生可以运用当时的文献、图像和统计数据，简要说明工业革命是如何推动经济、社会和文化的变革。这要求学生具备对史料的理解能力，同时能够灵活运用这些史料支持自己的历史观点。学生需要理解历史发展中的因果关系、变化趋势和重要联系，从而形成对历史事件更深刻的认识。例如，在学习农业革命时，学生应当能够理解农业的发展如何影响了社会结构、人口分布和文化发展。总而言之，学生需要具备对历史事件的系统性思考能力，能够看到事件之间的关联性，而不是孤立地理解每个事件。

（三）思维能力

思维能力在历史学科中是培养学生批判性思维和独立思考能力的关键。首先，学生需要能够从不同角度分析历史事件，形成独立的观点和判断。例如，对于秦始皇的"焚书坑儒"，学生可以从政治、经济、社会、文化等多个角度分析，形成对这一事件的全面理解。从政治角度看，可以探讨焚书坑儒对中央集权的影响；从文化角度看，可以探讨其对中国传统文化的影响。

其次，学生需要理解历史发展的基本规律和历史进程中的大趋势。例如，在学习世界历史时，学生应当能够理解资本主义的崛起和扩张，社会主义的兴起和发展，以及殖民地半殖民地民族解放运动等历史进程。通过对这些历史进程的理解，学生能够把握历史发展的基本规律，如社会制度变革、阶级斗争等。同时，学生也应当能够理解历史进程中的大趋势，如工业化、全球化等，从而更好地把握历史发展的脉络和方向。

（四）情感态度与价值观

学生需要培养正确的历史情感和价值观，包括对祖国历史的尊重和对历史人物的理性评价。例如，在学习中国古代历史时，学生应当对中国几千年的文明和历史发展保持尊重，理解其中的荣辱兴衰。同时，对于历史人物，学生需要用理性的眼光看待，不过分偏颇地评价其贡献和缺点。例如，在评价秦始皇时，学生应当既能够理解其统一中国的功绩，同时也能够看到其集权统治带来的问题，形成较为客观的评价。

学生还需要具备历史责任意识和担当意识，即反思历史事件对当今社会的影响和启示。例如，在学习第二次世界大战时，学生应当反思战争对世界带来的深远影响，包括对人权的重视和对战争的警惕。这要求学生不仅了解历史事件的经过，更要从中汲取教训，意识到历史责任和担当的重要性。通过深刻理解历史，学生可以更好地理解当今社会的问题，并为未来的社会做出积极的贡献。

（五）综合表现

综合表现在历史学科中是学生全面素养的体现，包括表达能力、合作精神和自主学习的能力。

首先，学生需要能够通过口头或书面方式，清晰、有条理地表达对历史事件的看法和观点。例如，在学习文艺复兴时，学生应当能够清晰地表达对文艺复兴给艺术和思想带来的影响的理解，有条理地呈现其对社会变革的贡献。这要求学生不仅要深入了解历史事件，还要具备有效表达的能力，使他们的观点能够清晰传达给他人。

其次，学生需要能够通过口头或书面方式，准确传达自己的历史理解和观点分析。例如，在完成一篇历史论文时，学生应当能够准确地传达对特定历史事件的深刻理解，分析事件的原因、影响和历史背景。这要求学生具备较高水平的历史思维和表达能力，以确保他们的观点得以清晰地呈现。

第三，学生需要与同学共同学习、合作探讨，促进良好的学习氛围。例如，在小组讨论中，学生应当积极参与，分享自己的历史见解，听取他人观点，并能够就历史事件展开有益的合作探讨。这有助于培养学生的合作意识和团队精神。

第四，学生需要具备自主学习的能力，主动学习历史知识和思考历史问题。例如，在课外阅读时，学生应当能够主动寻找与当前学习内容相关的资料，提高对历史事件的理解深度。这要求学生具备主动学习的动力，能够自我驱动地探索历史知识。

四、多元化评价指标的建立

（一）课堂表现的指标体系

1. 学生参与度与表达能力

在建立初中历史多元化评价指标的过程中，课堂表现的指标体系扮演着至关重要的角色，其中学生参与度与表达能力是评价的核心要素。这一指标体系的设计旨在深入了解学生在历史课堂中的积极程度、深度思考的能力以及表达观点的技能。以下为该指标体系的详细阐述。

学生的参与度是课堂中学生积极程度的重要衡量标准。首先，课前准备方面考查学生是否能按时完成阅读任务，对历史事件是否有一定了解，以确保学生在课堂上的发言。其次，课堂互动是衡量学生参与度的重要指标，包括是否积极回答老师提出的问题，以及是否主动参与小组或全班讨论，分享个人观点。最后，耐心聆听是评价学生参与度的另一重要方面，即在同学表达观点时，能否保持耐心聆听，尊重他人意见，同时能否提出建设性问题，促进课堂深度讨论。

表达能力是学生在历史课堂上展现思考结果和理解程度的关键能力。首先，学生要能够以清晰、准确的文字表达历史观点和理解，同时使用正确的历史术语，准确传达自己的历史理解。其次，口头表达能力是衡量学生表达水平的重要标准，这要求学生能够流利、有条理地陈述历史事件，表达清晰。同时，还要求学生能够灵活运用语言，生动描述历史场景，使之引人入胜。最后，创造性表达是对学生表达能力的更高层次要求，不仅需要他们能够提出独特的历史见解，而且还要展现对历史事件的深度思考，并运用创造性的方式来表达他们对历史的认知。

通过对学生参与度与表达能力的全面评价，我们能够更准确地了解学生在历史课堂上的表现。这一指标体系的设计不仅有助于全面评价学生的学业水平，还有助于激发学生对历史学科的兴趣，促使他们更深入地参与到历史学习中。同时，这也为教师提供了更科学的评估手段，有助于教师有针对性地调整教学策略，更好地满足学生的学习需求。通过多元化的评价方式，我们能够更全面地培养学生的历史素养，为他们未来的学习和生活打下坚实基础。

2. 教师引导与互动氛围

教师引导与互动氛围在历史课堂中扮演着至关重要的角色，对课堂氛围和学生的学习效果起着决定性的影响。首先，教师的引导能力直接影响到课堂教学的质量。一个优秀的历史教师应当具备良好的教学设计能力，能够为学生带来富有启发性的教学活动，激发学生的学习兴趣。通过将历史知识与学生的生活实际联系起来，教师能够在激发学生学习动力的同时，使课堂更加生动有趣。其次，教师的提问技巧对课堂互动至关重要。一个优秀的历史教师应当能够运用不同层次的问题引导学生深入思考，促使他们展开更有深度的讨论。通过提问的多样性，如开放性问题和引导性问题，教师能够拓展学生的思维，激发他们思考和探索的欲望。另外，教师的引导讨论能力也是评价的重要指标之一。优秀的历史教师应当能够巧妙引导学生在小组或全班中展开有效讨论，营造开放、包容的课堂氛围。教师应该平衡自身对讨论的引导，让学生主动参与，提升学生的学习主动性。

同时，课堂的互动氛围也是教学过程中不可或缺的一部分。优秀的历史教师应该鼓励学生积极参与讨论和提问，消除学生可能的抵触情绪。教师应该注意平衡对每个学生的关注。此外，促进团队合作也是关键之一。通过组织学生进行小组讨论或合作项目，教师能够培养学生的团队合作意识和能力，加强学生之间的交流和互动，营造积极向上的学习氛围。

（二）作业的评价要素

作业评价在初中历史课程中扮演着至关重要的角色，它不仅是对学生学习成果的评价，也是教学过程中的一个重要环节。作业评价旨在全面了解学生对历史知识的掌握程度、思维能力以及表达能力等方面。以下将详细阐述作业评价的要素及其重要性。

1. 作业内容的准确性与完整性

评价作业的准确性与完整性也是教学过程中重要的一环。准确性是作业评价的首要标准，因为学生完成的作业可以准确地反映他们对历史知识的理解程度。历史作业中会涉及大量的历史事件、人物和概念，学生需要以准确的表达展示自己对历史知识的掌握情况。

作业的完整性也是评价作业质量的重要指标。学生应当按照要求完成所有作业，确保不遗漏任何重要内容。一份完整的历史作业能够全面展现学生对所学内容的掌握情况，体现他们对历史事件、人物和概念的理解。完整性还体现了学生对作业的认真程度和执行力，是学习态度和能力的体现之一。

总之，在教学过程中，教师应当注重对学生作业内容的准确性和完整性进行评价，并及时给予反馈和指导。通过明确作业要求、引导学生建立正确的学习方法和思维方式，可以帮助学生提高作业的准确性和完整性。此外，教师还可以设计多样化的作业形式，激发学生的学习兴趣和主动性，促进他们对历史知识的深入理解和应用。

2. 分析与解释能力

在历史学习过程中，学生除了要对历史事件进行描述外，还需要具备分析和解释历史事件的能力。这种能力的培养对于深化学生对历史事件理解，提高其历史思维水平具有重要意义。分析与解释能力要求学生能够深入剖析历史事件的原因、影响以及背景，探究事件发生的深层次内涵并用历史术语进行解释。

首先，分析和解释能力要求学生深入探究历史事件背后的原因，通过严谨的分析，揭示事件发生的根本动因。通过对历史事件发展过程中的各种因素的深入挖掘，学生可以更好地理解事件的来龙去脉，从而把握历史事件的复杂性和多面性。其次，在解释方面，学生需要能够运用适当的历史术语和理论解释历史事件的意义和影响。历史事件往往有着深远的影响和意义，学生应当能够准确把握事件的历史意义，并对其进行深刻的阐释和解读。

总之，通过展示其分析与解释能力，学生可以展现出对历史知识的深度理解和个人历史思维的发展程度。他们不是单纯的记忆历史事件，而是对历史事件背后的原因和意义进行深入思考和研究。这种能力的培养不仅可以帮助学生构建稳定的历史思维框架，而且能够锻炼其批判性思考和逻辑推理能力，从而提升历史学科素养和认知水平。

3. 文字表达能力

文字表达能力在评价历史作业时扮演着重要角色。学生需要具备清晰、准确地表达历史观点的能力，避免语言表达上的模糊和混乱。优秀的文字表达能力不仅可以确保学生的思想得到有效传达，还能提升作业的整体质量，增强读者的阅读体验。

良好的文字表达能力反映了学生对历史知识的掌握程度和思维深度。学生可以通过使用清晰准确的语言表达来有效展现自己的历史理解和思考，从而使读者能够更清楚地认识并理解其观点和看法。文字表达能力的高低直接影响到作业的质量和可读性，精准翔实的文字表达有助于提升作业的说服力和学术水平。

在历史作业中，学生应当注重语言表达的规范性和逻辑性，确保表达条理清晰，观点表述明晰。适当使用历史术语和专业名词，能够使叙述更加准确和专业化。此外，注意语言流畅性和文风的恰当运用，对于提升文字表达能力十分重要。这能够确保句子通顺、连贯，并富有力量，从而更有效地吸引读者的注意力并促进理解。

4. 综合能力评价

综合能力评价在学生作业评价中扮演着至关重要的角色。除了考核学生作业内容的准确性、分析与解释能力以及文字表达能力外，还需要综合考虑作业的组织结构、条理性和逻辑性等。学生作业的整体表现包括作业的组织是否有序、逻辑是否清晰，以及对历史事件的因果关系、发展脉络的表达是否明晰，这些都是综合评价中不可忽视的要素。

在综合能力评价中，作业的组织结构是一个重要考量因素。首先，学生作业要求有清晰的开头、中间发展和结尾总结，以确保读者在阅读过程中获得逻辑完整的叙述和思路。其次，适当的段落分割和过渡衔接也能增强作业的可读性和连贯性。此外，作业的条理性也需要被综合评价。学生应当能够将观点有机地串联起来，使得整篇作业的论证过程紧密连贯、观点清晰明了。

另一个评价的关键维度是作业的逻辑性。学生在完成作业的过程中需要准确把握历史事件之间的因果关系，深入分析事件的发展脉络，并能用逻辑严谨的方式进行阐述。逻辑性强的作业不仅可以提高作业的说服力，还可以增强读者对作者观点的认同感。通过对作业的逻辑性的评价，可以全面了解学生对历史事件的把握程度以及他们的思考深度。

5. 反思与改进能力

在评价学生作业时，反思与改进的能力也是需要重点考察的指标之一。学生是否具备接受批评和建议的开放性，是否能够对作业中的不足进行深入反思，并在后续作业中做出相应的改进都是评价学生作业的重要标准。通过反思与改进，学生能够不断提高自身的历史学习水平，培养批判性思维和自主学习能力。

学生的反思能力是他们对自己作业的客观认知和自我评价能力的体现。学生应当学会审视自己的作业，找出其中存在的不足和问题，如观点不清晰、逻辑结构混乱、语句表达模糊等。同时，他们还需要能够积极地从他人的批评和建议中吸取经验，主动寻找可以改进的方向。

学生的改进能力则是对上述反思的实践表现。学生需要主动思考并采取相应的改进行动，通过调整论证过程、加强逻辑推理，以提升作业质量。在之后的作业中运用之前获得的反馈和经验，显示自身写作能力的进步和成长。

总之，教师在作业评价的过程中可以加强对学生反思与改进能力的引导和培养。通过提供具体的批评和建议，鼓励学生深入分析自己的作业，并激发他们积极改进的动力。此外，教师还可以设计一些活动、引导学生进行自我评估和改进，培养学生主动反思和调整自己的学习策略和工作方法的能力。

（三）考试与测验

设计初中历史测试题是一个综合性的任务，需要考虑多个因素，确保题目既能考查学生对知识的记忆和理解，又能够评估他们运用历史学科思想方法解决复杂历史问题的能力。

1. 明确考查意图

在设计测试题之前，明确每道题目的考查意图是十分重要的。首先，需要确保题目涵盖了学生已学过的核心知识点，这样才能评估他们对历史课程内容的掌握程度。每道题目应设计得具体而明晰，以便学生在回答时能够准确运用所学知识。

其次，关于考查意图，需要明确每道题目是考查学生的记忆、理解，还是运用历史思维方法解决复杂问题的能力。记忆性题目通常检验学生对核心概念、关键事件、重要人物等知识点的熟悉程度，要求他们能够准确描述或回答相关问题。在理解性题目的考查中，关键在于评估学生对历史事件背景、原因、影响等方面的理解程度，要求他们能够深入分析和阐释历史事件的内涵。如果题目旨在评估学生的历史思维能力和解决问题的能力，那么需要设计具有挑战性的问题，激发学生思考，促使他们运用所学知识进行推断、比较和分析。

2. 创设问题情境

在设计测试题时，创设问题情境是提高题目的启发性和学习兴趣的关键。这种方法可使学生更好地将所学知识应用到实际场景中，增强他们对历史学习的认知和理解。创设问题情境不仅要选取与学生所学内容相关的素材，还需确保与学生具备的关键能力有一定关联，从而激发学生的学习兴趣。

在创设问题情境时，可以从学习、生活、社会等多个维度选取相关素材，以促进学生将历史知识与实际经验相联系。例如，可以构建一个模拟的历史事件情境，让学生扮演当时的关键角色，思考他们在那种特定情境下可能采取的行动和决策。通过这种方式，学生能够更深入地理解历史事件的背景和影响，从而提高学生对历史内容的理解力和把握能力。

此外，题目和任务需要与问题情境高度融合，指向明确，符合学生的认知水平。问题情境的引入不仅仅是为了增加题目的趣味性，更是为了引导学生运用所学知识解决实际问题。

3. 确定评分标准

在设计测试题时，提前确定清晰的评分标准至关重要。这样不仅能够确保评分的客观性和公正性，而且还能有效引导学生明确了解答题的标准，促使他们更有针对性地准备和回答问题。确定评分标准应包括以下几个方面：

首先，需要预估学生的作答情况，对可能出现的各种合理答案进行分类并确定相应的评级标准。这样可以减少主观性对评分过程的影响，确保对不同类型的答案都能给予适当的评价。通过设计详细的评分标准，可以减少评分过程中的主观性和随意性，从而提高评分的客观性和准确性。

其次，对评分标准要点进一步细化，提供各等级得分的参考答案或案例。根据每个评分要点的具体要求和难度设定相应的分数线，旨在对学生的答案进行更为精确的评分。此外，为不同分数区间设立明确的评判标准，让学生知道如何达到不同的等级得分。

最后，考虑使用分层次的评分标准，以优化传统机械赋分方式，这种方式旨在更精确地评估学生的核心素养水平。通过将评级分数与评价标准相结合，可以更全面地评估学生在多个层次上的能力表现，而非仅依赖总分的高低。这种分层级的评分方式不仅可以更好地帮助教师了解学生的不同能力水平，而且也促进了个性化教学的实施，从而有效提升了教学成效。

4. 考虑题型多样性

在设计测试题时，保证题型的多样化是非常重要的。不同题型可以发掘学生多方面的能力和技能，从而全面评估他们的历史学习水平。

一种常见的题型是选择题，可以根据学生对知识点的掌握程度进行设计，包括单项选择题和多项选择题。这种题型可以考查学生的记忆、理解和分析能力。

判断题也是常见的题型之一，旨在考查学生对历史事件或概念的理解和分辨能力。解答这类题目通常需要学生对给出的陈述进行正确性判断，难度相对较低，有助于巩固学生的基础知识，并培养他们的逻辑推理能力。

解答题是考查学生综合运用历史知识进行思考和阐述的重要方式。通过提供开放性问题，鼓励学生进行深入的思考和分析，并用文字清晰地表达自己的观点。这种题型旨在考查学生的分析能力、批判性思维和历史思维方法的运用能力。

在提高测试的综合性以及对实际历史问题的理解方面加入案例分析、历史材料解读等类型的题目是有益的。通过提供具体的案例和历史材料，要求学生深入分析和解读相关信息，培养他们的历史思考能力和素材理解能力。

5. 提倡开放性问题

在设计测试题时，应鼓励设置开放性问题，这有助于激发学生对历史问题的独立思考和创新性解答能力。开放性问题要求学生运用所学知识、历史思维能力以及批判性思维来解决问题，这样设计的题目有助于培养学生深入思考和解决问题的能力。

开放性问题的设计能够激发学生的学习兴趣，引导他们在回答问题时展示独立的见解和观点。与封闭性题目相比，开放性问题更注重学生的创造性和思维活动，能够激发学生对历史问题的深层次思考，从而培养其批判性思维和解决问题的能力。

设置开放性问题还可以减少"点对点"赋分方式，更好地反映学生的实际水平。学生在回答开放性问题时不再受限于特定答案，而是有机会表达自己的独特见解和解决方案。评价者可以更全面地考查学生的思维深度、逻辑性以及创新性，避免形成简单机械的评价，从而更客观地评估学生的能力水平。

6. 细化分值和使用百分制赋分方法

在设计测试题时，为每道题目细化分值是非常重要的，这样能让分数更加具体、准确地反映学生的学业水平。建议使用百分制赋分方法，这种方法可以更精确地评估学生的核心素养。

细化分值的方法可以更好地区分学生的表现和能力水平。这种方法有助于教师全面了解学生的优势和不足，从而给予更精准的反馈和评价。同时，细化分值也能够帮助学生更清晰地了解自己在哪些方面需要进一步提升，激励他们针对薄弱环节进行有针对性的学习。

采用百分制赋分方法可以更加精细地考查学生的核心素养。通过将总分数按百分比划分，可以明确不同层次的表现所对应的分数范围，使评分更具有针对性和客观性。百分制赋分方法也可以减少评分误差，提高评价的公正性和准确性。

除此之外，百分制赋分方法还能够帮助学生更好地理解自己的得分情况。他们可以清晰地了解自己在每个知识点或能力要求上的得分情况，有利于他们进行有针对性的反思和提升。

五、评价结果的运用与反馈机制

（一）教学改进的反馈渠道

1. 教师的自我反思与发展

教学改进的反馈渠道在教学活动中十分重要，它为教师提供了机会来审视自己的教学实践，以便探索有效的教学方法，从而不断改进和提高自己的教学策略和技巧。其中，教师的自我反思与发展是一种重要的反馈机制，能够帮助教师深入了解自己的教学实践，并从中吸取经验、总结教训，从而不断提升教学质量。

首先，教师的自我反思是教学改进的起点和关键。通过反思自己的教学过程和教学效果，教师可以审视自己的教学设计、教学方法以及课堂管理等方面存在的问题和不足之处。这种自我反思不仅包括对课堂教学的细节和组织形式的反思，还包括对学生学习情况、理解程度以及兴趣点的反思。例如，教师可以反思自己在课堂上的表达是否清晰，是否能够引起学生的兴趣，是否能够满足不同学生的学习需求等。

其次，教师的自我反思需要建立在客观的数据和信息基础之上。教师可以通过观察学生的表现、收集学生的反馈和评价，以及分析学生的学习成绩等方式，获取客观的教学数据，从而更加全面地了解自己的教学情况。例如，教师可以通过课堂观察和学生反馈来了解学生对课堂内容的理解程度和学习兴趣，并结合学生的考试成绩和作业完成情况来评估教学效果。

在进行自我反思的过程中，教师需要不断地进行自我评估和定位，找出自己在教学中存在的问题，并提出相应的改进措施。这包括调整教学内容和教学方法，改进课堂组织和管理方式，加强与学生的互动和沟通，以及积极探索适合学生特点、贴近教学目标的有效教学策略等。同时，教师还应该不断地学习和积累教学经验，关注教育教学领域的最新发展和研究成果，以丰富自己的教学理念和方法，提高教学水平和专业素养。

2. 学科组织的协同反馈

学科组织的协同反馈是教学改进中的另一个关键环节，它通过学科组织内部的合作与交流，帮助教师在专业领域内共同成长，提高整体教学水平。这种反馈机制不仅能够使教师更全面地了解学科的发展动态，还能够分享成功经验，共同面对挑战、解决问题。

首先，学科组织的协同反馈需要建立在共同的教学目标和价值观的基础上。学科组织内的教师应该明确共同的教学目标，确保在教学中能够达到一致的标准。这有助于形成共同的教育理念，为学科组织的协同反馈提供有利的基础。

其次，协同反馈可以通过定期的会议、研讨会、教学观摩等形式进行。在这些活动过程中，教师可以分享各自的教学经验、教学方法、课程设计等方面的案例和困惑。这样的交流与分享有助于集思广益，形成集体智慧，还能促进教师间相互学习，吸收各种优秀的教学理念，为教师提供共同寻求更有效的教学策略的平台。

同时，在协同反馈的过程中，可以引入同行评课的机制。教师之间可以相互进行教学观摩，并提出专业的意见和具体的改进建议。这种同行评课有助于教师发现自身在教学中的盲点和不足，也促使教师更加关注学科发展的前沿动态。

此外，建立在线平台或社交媒体群组，为学科组织提供一个方便的交流与反馈的空间，让教师可以随时随地进行沟通。通过这样的平台，教师可以及时分享教学资源、讨论策略和问题，形成更加灵活、高效的协同反馈模式。

需要强调的是，在学科组织的协同反馈过程中，重要的是要构建开放、坦诚的沟通氛围。教师需要以积极的心态对待同事的建议和批评，同时也应当在提出建议时，力求客观和具体，避免使用过于主观或带有批评意味的言辞，以促进有效的交流。

（二）评价结果与学生目标的对接

初中历史课程评价结果与学生学习的有效对接是确保个体发展规划得以有效实施的关键环节。通过对历史课程评价结果的深入分析，教育者能够更全面地理解学生的学科水平、兴趣特点和潜在潜能，从而有针对性地制定个性化的发展计划。

首先，评价结果为教育者提供了关于学生历史学科水平的详细信息。通过对学生在历史课程中的表现进行综合评估，教育者可以全面了解学生在掌握历史知识、理解历史事件和历史思维能力等方面的水平。这为制定学生的个性化发展规划提供了基础，确保发展目标与学生的实际历史学科水平相匹配。

其次，评价结果能够帮助教育者了解学生在历史课程中的兴趣和偏好。通过分析学生对不同历史时期、事件、人物的兴趣点，教育者可以更精准地为学生规划个性化的学习路径。例如，如果学生对某个历史时期表现出浓厚兴趣，可以在发展规划中加入相关的深度学习内容，激发其学科热情。

第三，评价结果也为教育者提供了深入了解学生历史思维和分析能力的机会。通过对学生在历史课程中的解答的分析，教育者可以发现学生的强项和改进空间。在发展规划中，可以针对性地设计提升学生历史思维水平的任务和活动，从而促进学生全面发展。

此外，评价结果还可以作为设定学业目标的依据。通过了解学生在历史课程中的表现，教育者可以与学生共同讨论，制定具体、可量化的学业目标。这样的目标应着眼于学生学科水平的提高，并结合学生的兴趣和个人发展方向，形成更具针对性和可实施性的学业目标。

最后，定期的跟踪和调整是评价结果与学生学习对接的关键环节。通过不断追踪学生的历史学科学习情况，及时进行反馈和调整，可以确保发展规划与学习目标和未来历史学科学习规划的一致性。这种动态的调整机制有助于确保个体发展规划的实施能够适应学生的学习变化和成长。

第七章 初中历史实践教学与案例

第一节 初中历史实践教学

一、实践教学的特点与重要性

（一）实践教学的特点

1. 真实性

实践教学所强调的真实性是指让学生置身于真实情境下，通过实际操作和体验来获取知识和技能。这种教学方式旨在将学习过程与实际生活紧密联系起来，使学生能够更深入地理解所学知识的实际应用场景，并将抽象的理论知识转化为解决具体的实际问题的能力和技能。在历史教学中，真实性的实践教学方法可以通过多种方式实现，例如模拟演练、历史事件重现、实地考察、案例研究等。这些方法不仅能够帮助学生在实际操作中体验历史事件的情境，还能增加他们对历史事件背景和发展的理解，更重要的是，通过真实性实践教学，学生还能培养批判性思维，提高分析、判断、解决问题的能力。在教育教学的未来发展中，真实性实践教学的应用价值不可低估，它不仅有助于提高学生的学习效果和积极性，更能激发学生的学习兴趣，培养他们解决实际问题的能力和实践技能，从而促进学生的全面发展。此外，真实性实践教学也为知识的传承与创新提供了动力。

2. 体验性

体验性的实践教学作为教育教学领域的一种重要的教学方式，旨在通过学生的亲身体验和互动参与，激发他们的学习兴趣和积极性，有助于学生更深入地理解知识，并促进知识的内化。通过体验性的实践教学，学生可以融入学习活动中，全身心地沉浸在学习过程中，使得知识不再是简单的文字或概念层面，而是通过多种感官和情感的体验，更加深刻地理解和记忆知识。在历史教学中，体验性的实践教学可以通过沉浸式体验历史场景、角色扮演历史人物、参与历史文化活动等形式来展开。这种教学方式能够激发学生对历史事件的兴趣，拉近学生与历史的距离，使历史对学生来说不再是遥远的过往，而与学生当前生活息息相关。通过体验性的实践教学，学生不仅能够增强对历史知识的印象和理解，还能培养批判性思维、探究精神、创新能力和团队合作精神。体验性的实践教学的应用不仅能够提高学生的学习效果，还可以激发学生对历史学科的浓厚兴趣，培养学生成为热爱历史并具备实际操作能力的综合型历史学习者，进而推动历史教育的全面发展，提高学生的整体素质。

3. 参与性

实践教学强调学生的积极参与，要求他们发挥自己的主体作用，通过合作探索和解决问题的过程，提高学习成效和发展能力。参与性是实践教学中一项重要特点，其核心在于要求学生主动参与学习过程，并发挥自身的主体作用。通过参与性的实践教学，学生不再是被动接受知识，而是成为学习活动的主体，积极解决和面对学习过程中的问题与挑战。这种教学方式强调学生的参与程度和主动地位，通过合作讨论、探索和解决问题的过程，学生的学习效果和能力也得到了提升。在历史教学中，参与性实践教学可以通过小组合作探讨历史问题，参与社会实践项目以及角色扮演等形式来展开。学生在实践中通过合作交流，从他人的观点和建议中获得启发，探究问题的多种可能性，从而培养批判性思维和团队合作精神。参与性实践教学也可以帮助学生树立信心，增强解决问题的能力，促使学生在实践中不断尝试和改进，从而更深入地理解历史知识，提高其学习效果和认知水平。通过参与性实践教学，学生可以在批判的思考与合作互动中，积极构建知识结构，拓展认知领域，培养创新意识与解决问题的实际能力。这种教学方式激发学生内在动机，提升学习的深度和广度，使历史学习走出课本，走向实践，实现知行合一的最终目标。通过引导学生主动参与实践，学生将成为自主学习者，养成良好的学习习惯，为其未来的学习和发展奠定坚实基础。

4. 探究性

探究性是实践教学的重要特点之一，其核心在于鼓励学生在实践过程中自主探索和发现问题的解决方法，培养其探究精神和创新思维能力。通过探究性实践教学，学生被鼓励去积极地研究、提出疑问和发掘问题的本质及解决途径，引导他们主动参与到知识的建构过程中。在历史教学中，探究性实践教学可以通过设计开放性的问题、课堂讨论、案例分析等形式展开。这种教学方式不仅能够促使学生深入理解历史事件背后的深层原因和影响，还能培养其批判性思维、创新意识和问题解决能力。学生在探究性实践教学中通过不断追问和实验推理，开拓对历史的理解视角和方法，同时也培养了扎实的知识基础和实践能力。

探究性实践教学的目的在于引导学生在实践中自主探索，培养其主动学习、独立思考和判断以及解决问题的能力，使他们不仅了解历史事实，更能理解历史现象的本质，为其未来的学习和工作打下坚实的基础。通过鼓励和支持学生在实践中进行探究性学习，实践教学将使学生成为具备探究精神和创新思维的历史学习者，并为他们提供更全面、更深入的学习和发展的空间。

（二）实践教学的重要性

1. 知识与技能的结合

实践教学作为一种强调理论知识与实际运用结合的教学方式，在实践中促使学生将所学的知识和技能应用到实际情境中，从而提高其对知识的理解和使用能力。通过实践性的学习方法，学生可以更加直观、深入地理解理论知识的实际应用，从而加深对知识内涵和外延的认识。在历史教学中，知识传授与技能的结合十分重要。为此，采取多种实践教学方法尤为必要。例如，通过模拟演练历史事件、开展实地考察、进行案例分析等，让学生有机会亲身感受历史事件的真实场景，培养他们运用历史知识解决实际问题的能力。

实践教学不仅强调学生对知识的理论掌握，更关键的是强化学生将所学的知识应用于实际的能力，培养学生的实际操作技能和解决问题的能力。通过知识与技能的结合，学生不仅能够加深对历史知识的理解，还能够在此基础上培养批判性思维、创新能力和实践能力，使得历史知识能够为其日常生活和未来发展提供有力支持。实践教学中知识与技能的结合，旨在使学生通过参与具体实践活动促使学生逐步丰富并提升自己的知识储备和技能水平，进而为其未来的学习和工作打下坚实的基础，同时也推动了知识的传承与创新。通过这种结合，学生将不仅能够掌握历史学科中的核心知识，还能够具备实际操作的技能，实现理论知识与实际运用的有机结合。

2.学习兴趣和参与度的提高

实践教学作为一种教学方法，旨在通过实际操作和体验的方式，有效激发学生的学习兴趣和主动性。这种方式不仅能够提高他们参与学习的积极性，而且让学生能够在实践中亲身体验运用知识解决实际问题，使得学习不再局限于课堂上的抽象理论，而是转化为与现实生活息息相关的实际能力和技能的培养。在历史教学中，实践教学可以通过多种形式展开，如场地考察、文物鉴赏、历史事件模拟等，以促进学生参与和体验。这些活动可以加深他们对历史事件和时代背景的认识，激发学生对历史学科的浓厚兴趣，使其能够更加直观地感受历史的魅力，增强对知识的体验感和认同感，从而激发学习的热情和欲望。

此外，实践教学也能够激发学生的好奇心和求知欲，让他们在主动探索中享受学习的乐趣，并培养自主学习的能力。实践教学旨在通过提升学生的学习兴趣和参与度，不仅促进知识的消化和吸收，还有助于培养学生的批判性思维、解决问题的能力以及团队合作精神。这种教学方式为学生成为积极主动的学习者打下了良好的基础，有助于推动教育教学的改革和创新，提高教学质量和学生综合素质。通过实践教学的学习过程，学生将不再是被动地接受知识，而是能够深度参与到学习中。这种模式全面提升了学生的学习兴趣和参与度，为其后续的学习和发展奠定了坚实基础。

3. 创新思维和动手能力的培养

实践教学作为一种注重实际操作和学生参与的教学方式，旨在培养学生的创新思维和动手能力，从而提高他们解决实际问题的能力。通过实践教学，学生不仅要积极参与学习过程，还需要通过实际动手操作来实践和应用所学知识。这种学习方式鼓励学生在动手实践中思考、创新，并找到解决问题的方法。在历史教学中，实践教学可以通过实地考察、历史文物欣赏、历史文献资料整理等形式展开。学生在实践中不仅可以感受历史的真实与生动，更能够培养自己的创新意识和实践能力。实践教学强调动手能力的培养，要求学生在实际操作中学会观察、分析、解决问题，促进他们对历史事件和现象的深入理解和探究。通过实践教学培养出来的创新思维和动手能力，不仅可以帮助学生更好地理解理论知识的实际应用，也激发了学生面对挑战时的勇气和创造力。在实践中，学生需要主动思考、动手操作，从而培养了他们勇于创新的精神。

此外，实践教学培养了学生的实践技能，让学生在活动中不断实践、验证自己的能力，提升解决问题的能力和执行实践计划的能力。实践教学所注重的创新思维和动手能力培养不仅有助于学生在学术领域取得更好的成绩，更对其未来职业发展和社会实践起到积极的推动作用。通过实践教学，学生不再是传统意义上的思考者和接收者，更将成为具备创新意识和实践动手能力的全面发展的学习者和未来建设者。

4. 知行合一的实践基础

实践教学作为一种重要的教学策略，通过让学生在实际操作中不断成长，实现知识与行动的有机结合，推动学生的全面发展。这种教学方式通过要求学生真正动手去做，激发他们在实践中思考和积累经验，从而达到知行合一的目标。可以通过参与历史考察、探究历史文献、展开历史文物保护等形式逐步展开实践教学。学生在实践中不仅能够加深对历史事件和时代背景的理解，更能够运用所学知识解决实际问题，体会知识与实践之间的联系。实践教学的核心在于通过实际操作来帮助学生巩固和应用所学知识，让学生在操作与思考中不断完善自己的认知体系，提高解决问题的能力。知行合一的实践基础不仅意味着学生在实践中能够将所学知识有效运用，更意味着学生在实践过程中培养了批判性思维、创新意识和团队合作精神等一系列综合能力。

总之，通过实践教学，学生可以感受到知识的实际应用，激发自己的学习兴趣和动力，进而推动个人全面发展。实践教学所强调的知行合一，旨在使学生在实践中不仅要接受知识，更要在实际操作中不断思考、总结经验，从而促进思维方式和行动方式的有效转化，使学生成为具备实际操作能力和创新精神的全面发展的终身学习者。在实践教学的基础上，学生可以构建起扎实的知识结构和实践技能，实现知识与行动的有效结合，为其未来的学习与职业发展奠定坚实的基础。

二、实践教学在课堂中的具体应用

（一）模拟演练

1. 模拟演练的目的

模拟演练作为一种在历史教学中常用的教学方法，旨在通过学生对历史人物的扮演或对历史事件的参与，实现历史场景的再现，使学生深入理解历史事件的来龙去脉。模拟演练可以让学生身临其境地感受历史事件的真实性和复杂性，提供了一种深度理解和体验历史的方式。通过参与模拟演练，学生可以主动了解并思考历史事件的背景、原因和影响，并从参与者的视角去感受历史的复杂性和多面性。通过扮演不同的历史角色，学生可以从不同的立场出发，体验各种历史事件中的决策过程，促使他们深入思考历史事件背后深层的原因和意义。模拟演练不仅可以加深学生对历史事件的认知，更能培养学生的批判性思维和表达能力。

在模拟演练中，学生需要分析资料、考虑不同观点、评估选择，并进行逻辑推理和口头表达。这种实践中的活动激发了学生批判性思维的培养，使他们更加深入地思考历史事件的复杂性和多层次性。通过模拟演练，学生不仅能够提高对历史事件背后原因和影响的理解和分析能力，还能够培养他们的表达能力和团队合作精神。模拟演练促使学生从被动接受者转变为主动参与者，激发了他们的学习兴趣和动力，培养了其自主学习和思辨能力，进而促进学生实现了对历史的深度理解和其自身的全面发展。通过参与模拟演练，学生能够从直接参与中体验和理解历史事件的复杂性和多样性，进一步培养批判性思维和表达能力。

2. 模拟演练的操作步骤

模拟演练作为一种有效的历史教学方法，需要通过一系列操作步骤来实施。

第一，教师需要精心选择适合的历史事件或人物，确保选题符合教学内容和学生水平，能够激发学生的学习兴趣和思考深度。历史事件或人物的选择需要结合课程要求和学生水平，以确保模拟活动的实效性和教育意义。

第二，学生需要分组扮演不同的历史人物或角色。分组可以促进学生之间的合作和互助，同时使得模拟演练更具真实性和参与感。在分组过程中，教师可以根据学生的特长和兴趣分配角色，使每个学生都能在活动中找到自己的定位，并有所表现。在模拟演练中，教师需要指导学生根据所扮演的角色进行对话、互动，重新演绎历史事件，让学生身临其境地体验历史事件的情境和决策过程。通过模拟演练，学生可以从不同角度出发，深化对历史事件的理解和思考，培养批判性思维和创造力。

第三，在活动结束后，教师可以引导学生总结经验，展开讨论，分析历史事件的影响和启示。通过总结和讨论，学生能够进一步深化对历史事件的认知，发现事件背后的深层次含义，同时也能够培养学生归纳总结的能力和团队合作精神。模拟演练的操作步骤需要教师的精心设计和引导，以便有效促进学生的全面发展和深度认知。模拟演练是一个融合理论和实践的教学过程，具有重要的学术价值和教育意义。

（二）实地考察

1. 实地考察的意义

实地考察作为一种重要的历史教学活动，具有深远的意义和价值。它并非简单地带领学生走出课堂，而是通过前往历史文化遗迹、博物馆等场所，让学生直接感受历史文化的厚重和底蕴，从而促进学生对历史的更深层次理解。实地考察的意义在于通过观察和体验，使抽象的历史事件和概念变得具体而生动，激发学生的学习热情和好奇心，提升学生对历史学科的学习体验和感受。当学生身临其境地站在历史遗址或文物前，目睹历史的痕迹与发展时，他们能够更好地理解历史事件发生的背景、原因和影响，同时也可以更加直观地感受到历史文化的传承和延续。实地考察不仅是一种历史教学手段，更是一种传承历史文化的生动方式，能够激发学生对历史的兴趣和热爱，让历史真实地呈现在学生面前，使历史学习变得更加具体和有趣。通过实地考察，学生可以拓宽视野、开阔思维，在亲身体验中培养自己的文化素养和历史情怀。实地考察还有助于学生观察力、分析力和批判性思维的发展，让他们从实际中感悟历史的价值和意义，深化对历史文化的认知和理解。

实地考察不仅可以使学生深入了解历史文化，还可以促进其全面发展、激发其对历史学科的兴趣，为其未来的成长和发展奠定坚实的基础。学生在实地考察过程中融合感性与理性的思维进行体验与思考，为成为具备历史情怀和人文素养的终身学习者打下坚实基础。

2. 实地考察的实施过程

实地考察作为一种重要的历史教学活动，需要经过一系列实施步骤来进行。

首先，目标明确是实地考察的重要前提。教师应该明确实地考察的目的和重点，并将其明确传达给学生，以便为他们提供清晰的学习任务。这有助于学生在实地考察中更有效地收集信息、观察和思考。

其次，实地调研是实地考察的核心环节。教师需带领学生到实地考察的地点，让他们亲自观察、感受历史文化。学生可以通过观察建筑、文物、景区等来感受历史的厚重和文化的独特之处。在实地考察过程中，教师可以引导学生提出问题、展开探索，促进学生对历史现象和事件的理解和认知。

第三，学生反馈是实地考察的重要环节之一。教师可以要求学生对所见所闻进行记录和反思，并进行分享。这有助于学生之间的交流和讨论，促进他们对历史文化的深入思考和理解。学生之间的互动和分享也有助于加深他们对历史事件和文化传统的认知。

最后，组织总结是实地考察的重要收尾环节。教师可以引导学生在回到教室后进行总结体会，并联系历史课堂所学的知识，展开进一步的探讨。通过总结和讨论，学生能够进一步加深对历史事件和文化传统的理解，探索其中的深层次含义和影响。同时，教师也可以利用这个环节对实地考察的效果进行评估，并为以后的教学活动提供指导和改进的方向。

通过以上活动，学生能够亲身感受历史文化的魅力和价值，加深对历史事件和文化传统的理解和认知，提升学生的学习体验和学习成效。同时，实地考察也为学生提供了锻炼观察力、思考力和实践能力的机会，使他们能够更好地适应未来的学习和社会需求。

（三）案例分析

1. 案例分析的目的

案例分析作为一种重要的历史教学方法，旨在通过具体实例对历史问题进行深入思考和讨论，从而激发学生的学习兴趣、提升他们的分析能力和批判性思维水平。案例分析旨在让学生认识和理解历史事件、人物或现象的同时，运用所学知识分享观点、解决实际问题，培养其独立思考和团队合作的能力。通过案例分析，学生能够深入剖析历史事件背后的原因、影响和意义，培养对历史的抽象理解和综合分析能力。通过分析具体案例，学生可以学会如何应用历史知识解决问题、发现规律，并在这一过程中培养批判性思维，从而更好地理解历史事件的多面性和复杂性。案例分析还能促进学生之间的交流与合作，通过讨论和分享观点，增强学生的自信心，提高其表达能力，培养团队合作精神及在面对历史问题时勇于探索和挑战的品质。

案例分析是一种学术性强、实践性强的历史教学方法，通过深入的案例分析可使历史教学更加生动有趣、有效深入，帮助学生全面提升历史认知水平、批判性思维和沟通合作能力，为学生的综合发展提供重要支撑和滋养。

2. 案例分析的实施方法

（1）选择合适案例

在选择历史案例时，需要精心挑选与课程内容相关且富有启发性的案例，以有效促进学生对历史事件的深入思考和理解。

首先，案例应与教学目标相契合。教师应根据课程要求和学生的学习水平，选择与教学目标紧密相关的案例进行分析和讨论。

其次，案例应具有鲜明的时代特点和代表性。选择那些在历史中具有重要意义、具有代表性的事件或人物作为案例，能够更好地激发学生的兴趣和好奇心，加深他们对历史事件的认知和理解。

第三，所选案例应具有一定的触发性和启发性。好的案例应能够激发学生思考和主动探索，同时激励他们运用想象力和批判性思维，通过对案例中呈现的问题及其解决策略的分析，学生能够对历史事件背后的原因与产生的影响进行深思熟虑，进而从这些历史经验中提炼出有价值的教训和智慧。

第四，案例选择的范围和数量也需要适度。过多的案例可能会使学生感到压力过大，而过少的案例则无法提供足够的触发和启发。因此，教师应根据具体情况进行选择，确保案例数量适度且内容丰富。

总之，选择合适的历史案例是一个关键的教学环节。教师需要精心筛选与课程相关、富有启发性的案例。这些案例能够促使学生对历史进行深入思考和理解，同时提升学生的学习兴趣和积极性，提升历史教学的效果。

（2）学生合作

学生合作是历史案例分析中的重要组成部分。将学生分组，让他们共同分析案例并提出解决问题的方案，可以有效培养学生的合作精神、批判性思维和团队协作能力。学生合作有助于激发每位学生的参与热情和创造力，让他们在团队中相互交流、协商、合作，从而共同探讨、分析历史案例，形成更全面深入的思考和结论。此外，学生合作还能够促进学生之间的相互学习和启发，不同思维方式和看法的碰撞和交流有可能为案例分析提供更多新颖的见解和解决方案。通过合作分析案例，学生们可以彼此借鉴、互相补充，共同完善对历史事件的理解和解读，从而提高学习效果。在这个过程中，学生在接受知识的同时，更能够通过合作学习，增进对彼此的信任以及培养团队意识与责任感。通过合作分析案例，学生还能提升沟通技巧和表达能力，培养扎实的逻辑思维能力和辩证分析能力。

（3）展示和讨论

展示和讨论是历史案例分析中至关重要的环节，能够促进学生深入思考，扩宽视野。每组学生在分析完历史案例并提出解决问题的方案后，都有机会展示他们的分析结果，并进行讨论和交流。通过展示，学生可以向其他同学展示他们对案例的理解、观点及分析思路，同时也能够从其他组的展示中获取新的观点和启发。在讨论和交流的过程中，学生们可以针对不同组展示的内容展开深入讨论，探讨彼此的观点和分析方法，从而形成更加全面和深入的结论。这种相互交流与碰撞的过程有助于拓宽学生的思维视野，促使他们从多个角度思考历史事件，培养批判性思维和逻辑推理能力。此外，展示和讨论也能够激发学生的思考和灵感，帮助他们在课堂上建构知识体系、形成独立见解，更为深入地理解和把握历史事件。通过展示和讨论这一环节，不仅有助于学生在案例分析中获得更多经验和启示，也为学生提供了一个学术交流与合作的平台，培养了学生的表达能力和团队精神。最终，这个过程能够促使学生真正领会并习得历史案例分析的技巧与方法，使历史教学更具有生动性与实践性，为学生成长发展提供有益支持。

总之，展示和讨论环节是历史案例分析中不可或缺的教学环节，通过学生间的交流讨论，每位学生能够从中获得更多的收获，不断提高自身的历史思维和分析能力，为未来的学习和发展打下坚实的基础。

（4）教师点评

教师的点评与引导在历史案例分析中发挥着至关重要的作用。他不仅有助于学生深入思考历史问题，而且能够有效提升他们的分析能力和批判性思维。教师应该对学生的分析结果进行及时点评，这样不仅可以肯定学生们的努力和成果，还可以指出他们在分析中存在的问题或不足之处，并给予建设性的引导和反馈。通过点评，教师可以引导学生审视自己的分析过程和结论，帮助他们发现并弥补知识上的空缺或理解上的偏差，激发学生对历史问题更深层次的探索和思考。同时，教师还可以就学生提出的观点、见解进行进一步的讨论和引导，拓展学生的思维广度，引导学生关注历史事件背后的深层次原因和影响。此外，教师的点评还可以帮助学生规范分析思路和逻辑表达方式，指导他们在历史案例分析中更加系统和全面地呈现自己的观点和结论。教师的点评旨在激励学生不断前行，引导学生持续探索历史问题、不断完善自身认知。通过教师的点评与引导，学生将更加全面地认识到历史案例分析的重要性和技巧性，对历史问题有更为深刻的理解和把握。最终，学生在教师的点评下可持续提升自身历史思维水平和学术能力，实现历史学习效果的最大化，为未来的学习与成长奠定坚实基础。

第二节　初中历史实践教学案例

一、案例一："三国两晋南北朝时期：政权分立与民族交融"教案

在大单元教学中，以统编教材七年级上册的"三国两晋南北朝时期：政权分立与民族交融"单元为例，为了满足学生发展需求，我们需要设计有针对性的大单元主题教学计划。这个计划应注重多种教学方法的综合运用，循序渐进地建立知识体系，确保教学活动的成效。采用多元化的评价机制，以提高学生的历史核心素养和教师专业技术水平。

传统的单元教学往往追求纵向深度，着重培养学生对唯物史观和历史解释等基础历史核心素养的理解。然而，这种教学方式往往忽视了历史事件间的横向联系，缺乏对于时空观念和价值观的整体培养，容易造成学生对历史知识的碎片化认知。而大单元教学方法则具备了主题化、联系化、系统化、整体化等优势。

对于"三国两晋南北朝时期：政权分立与民族交融"这样涉及政权更迭的历史阶段，如果采用传统的"逐课教学"方式，学生所掌握的知识往往会出现断裂现象，导致学生无法构建起完整的历史知识体系，难以理解该历史阶段的社会发展，也无法培养学生发展纵横联系历史的综合能力。因此，在这个单元中，我们需要以学生的发展需求为中心，探索有效的大单元主题教学路径。

我们的教学设计应注重多种教学方法的综合运用，例如小组讨论、个人

研究、角色扮演等，帮助学生主动参与和探索。同时，教学过程应根据学生的学习进展，循序渐进，以确保教学活动的成效。多元化的评价机制也是必不可少的，可以通过考查学生在知识理解、表达能力以及批判性思维方面的表现来全面评估他们的学习成果。

通过这样的大单元教学，我们能够有效提高学生历史核心素养水平，培养他们的综合分析能力和批判性思维。对于教师而言，这样的教学方式也有助于提升自身的专业技术水平，以便更好地引导学生的学习。

（一）寻找单元主题，合理制定目标

确定单元主题和制定合理的教学目标是教学设计的核心，也是达成核心素养教学目标的基石。单元主题的构建应根植于对教材内容的深刻理解，通过凝练和提高核心知识，使主题具有统摄性、引领性和思想性。教师在设计单元教学时，需要优化整合教学内容，确定清晰的教学目标，关注不同内容之间的联系，并确保每节课的重点都围绕单元主题展开。三国两晋南北朝时期是中国历史上一个政权更替频繁、民族交融发展的时期，不仅见证了中华民族多元一体格局的形成，也对后世的历史走向产生了深远影响。在这样的背景下，我们以"中华民族多元一体孕育统一"为主线，设计"政权冲突陷兵戎""江南开发呈兴荣""胡汉碰撞大交融""科技文化承包容"等教学内容，全面探讨魏晋南北朝时期政治、经济、文化、民族融合等方面的发展。（见图7-1）通过这种设计，我们将构建一个有中心、有脉络、有系统的知识网络，帮助学生全面理解这一历史阶段的重要事件和演变过程。

在教学过程中，教师需要将单元主题贯穿始终，确保每节课的教学目标与单元主题紧密相关，避免教学内容的零散性。通过从不同角度的深入研究和讨论，学生将能够全面把握三国两晋南北朝时期的历史脉络，培养他们对政治、经济、文化及民族关系等方面的综合分析能力和批判性思维。这样的教学设计不仅有助于学生深入理解历史事件，还能激发其对历史和文化的兴趣，促进其历史素养的全面提升。

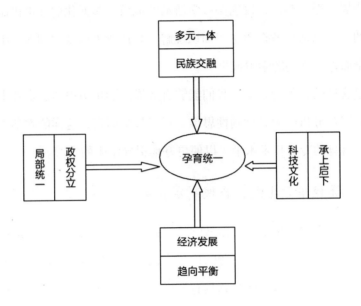

图 7-1　课例脉络图

制定合理的教学目标是教学设计的关键，而结合课程标准和学科核心素养，以培育学生核心素养为出发点和落脚点，则在教学中至关重要。根据《义务教育历史课程标准（2022 年版）》的要求，针对三国两晋南北朝时期的教学内容，可以设计如下六个方面的教学目标：

第一，通过历史年表，使学生能够掌握三国两晋南北朝时期的基本线索，厘清历史事件的先后顺序，建立起对时代发展脉络的整体认知，并能就此展开深入思考和讨论。

第二，运用地图时空定位技能，帮助学生准确定位重大历史事件发生的时间和地点，分析事件发生的原因和结果，培养他们的历史时序意识和历史空间感，提升其对历史事件的整体把握能力。

第三，运用唯物史观，分析官渡之战、赤壁之战、八王之乱、淝水之战等战役的影响，并能够从材料中捕捉相关信息，进行深入探讨和分析，培养学生的历史思维和批判性分析能力。

第四，运用史料论证北人南迁的原因以及江南地区的开发史实，使学生能够详细据实论述，拓展对历史事件的理解，提升历史研究和解读能力。

第五，分析孝文帝改革的意义，理解民族间的交往交融对中华民族形成的重要性。通过探讨这一历史事件，可以激发学生思考家国情怀，认识中华民族共同体形成的必然性，进而增强学生追溯民族发展历史进程的能力。

第六，了解贾思勰与《齐民要术》、祖冲之的科学成就，以及三国两晋南北朝的书法、绘画、雕塑成就，使学生能够认识到中华优秀传统文化的独特价值和突出优势，强化民族自豪感和凝聚力，激发学生对传统文化的尊重和传承热情。

通过上述六个方面的教学目标设计，不仅可以帮助学生全面理解三国两晋南北朝时期的历史事件和社会演变过程，还能够促进学生的历史思维和批判性分析能力的提升，有助于培养学生综合运用学科核心素养的能力，进一步提升其历史学科素养水平，引导学生深入探索历史领域，实现知识的全面积累和扎实掌握。

（二）梳理教材内容，厘清逻辑关系

在构建单元教学设计时，对教学内容进行梳理并厘清其中的逻辑关系十分重要。针对三国两晋南北朝这一单元的教学内容，我们可以将其整合后分解为以下三大部分，以突出各主题的内在逻辑联系和教学关联性：

1. 政治动荡与统一奠基

在"政权冲突陷兵戎"主题下，我们要深入探讨三国两晋南北朝时期政权的更替和冲突，分析各政权间的斗争、联合与崩溃。特别关注官渡之战、赤壁之战等重要战役，探讨战争对政治格局的塑造及统一大局的影响。通过这部分内容，引导学生理解政治动荡期对中国历史发展的重要影响。

2. 区域交流与经济繁荣

在"江南开发呈兴荣"主题中，重点讨论北人南迁带来的劳动力增长、技术发展和文化传播，以及对江南经济、手工业和商业发展的促进作用。指导学生理解不同地域间经济联系的重要性，以及南北经济平衡的影响。通过这部分内容，鼓励学生思考区域发展与互动背后的经济规律以及文化传承的重要性。

3. 民族融合与文化繁荣

在"胡汉碰撞大交融"主题下，深入探讨各民族间的交往、交流、融合过程，剖析胡汉文化碰撞所带来的文化互补和繁荣。引导学生理解中华民族多元一体格局的形成与发展。通过这部分内容，培养学生的跨文化意识，强化民族凝聚力和自我认同感。

（三）创设活动，凸显重点，突破难点

在教学过程中，通过运用多种教学活动，可以更好地凸显重点内容、突破难点，帮助学生深入理解并全面掌握三国两晋南北朝时期的历史知识。以下是对教学活动的进一步扩展和专业性优化：

1."一眼观千年"：深入了解政权更迭

在"活动清单1"中，学生不仅可以设计时空表格和时间轴，还可通过小组讨论、角色扮演等形式，模拟各个政权的建立过程和发展历程。此外，可以引导学生分析不同政权间的文化、经济及军事特点，帮助他们更好地理解统一与分裂的历史脉络。

2."煮酒话英雄"：探究历史人物的影响力

在"活动清单2"中，可以添加讨论环节，引导学生围绕经典战例展开深度探究，并探讨历史人物对当时局势和中华民族发展的贡献。通过分析历史人物的背景、策略和思想，激发学生对于历史英雄的钦佩和理解。

3."巧手绘地图"：提升绘图能力和历史观念

在"活动清单3"中，引导学生根据民族迁徙的实际情况，使用地图软件绘制迁徙地图，同时结合数字化资源，呈现生动直观的迁徙过程。学生还

可通过解说地图上的关键信息，加深对历史事件的理解。

4."诗词画江南"：唤起对地域风景的热爱

在"活动清单4"中，可以组织学生进行现场写生或摄影活动，以捕捉江南之美。学生可以在创作中融入历史元素，从古今对比中体会地域变迁的魅力，激发他们对历史文化的情感认同。

5."胡风汉韵展"：体验民族文化多样性

在"活动清单5"中，引导学生深入理解不同民族文化的碰撞与融合，并通过参观展览、座谈讨论等方式，促进学生尊重和包容多元文化，培养跨文化交流的意识和技能。

6."国宝会说话"：传承中华民族文明

在"活动清单6"中，学生可以进行现场访谈和研究，将国宝视为时间的见证者，撰写解说词，讲解国宝的历史故事和文化内涵，从而深入探索中华民族传统文化的瑰宝，强化对文物的保护和传承意识。

（四）设置多元评价与反思，检测学习效果

在大单元历史教学中，为了全面评价和检测学生的学习效果并促进学生的反思与提升，在"三国两晋南北朝时期：政权分立与民族交融"单元教学结束后，可以设计和设置如下多元评价方式与反思机制：

1.多元评价方式的设计

（1）课堂表现评价

教师可通过课堂观察，记录学生对于历史知识的理解程度、参与讨论的积极程度以及问题解决能力等方面的表现。

（2）作业质量评价

评估学生完成的历史手抄报、小制作、图绘、微视频、辩论稿、历史小论文等作业，注重作业完成度、深度、创新性以及历史事实的准确性。

（3）自评与他评

学生可以通过自我评价来阐述其对学习过程和成果的理解，同时，互相交流、互相评价也同样重要。这一互动不仅有助于提升各自学习效果，还能促进学习共同体的建设。

（4）能力性评价

注重评估学生的历史思维能力、批判性思维、问题解决能力以及团队合作能力等历史学科核心素养。

2. 评价标准设定与学习效果检测

（1）设定明确的评价标准

为每种作业类型设定明确的评价标准，包括知识掌握的程度、深度思考的能力、创新性表现等，以便客观地评判学生的学习成果。

（2）多视角检测学习效果

通过"学了什么""怎么学""学得怎样"三个观察视角，对学生的学习过程和学习效果进行全面检测，评价学生对历史学科的理解和应用情况。

3. 持续实践与教学反思

（1）持续探索改进评价方法

在长期实践中，不断调整和优化评价方式，逐步形成适合学生需求的评价体系，并根据评价结果及时调整教学策略。

（2）注重育人导向

将历史大单元主题教学与核心素养培养相结合，应始终坚持以育人为本的原则，引导学生形成对历史的独立思考和批判意识，并培养他们终身学习的态度。这样做有助于促进学生全面人格的发展和历史素养的提升。

二、案例二："古都海韵：海丝传奇的金陵印迹"教案

与传统的教学方式相比，游戏教学更注重吸引学生的兴趣和参与度，将趣味、互动等元素融入教学之中。通过选修课的尝试，以表演、绘制和

竞赛为主要形式的游戏教学，可以在不同程度上激发学生对历史学习的兴趣，强调学生在学习中的主体地位，引导他们积极参与阅读、对话、构建、想象、探究和解释，从而培养其历史学科核心素养，实现课程育人和立德树人的目标。

（一）表演类游戏教学

表演类游戏教学主要包括课堂演讲、历史剧编排等具体形式。

1. 课堂演讲

在课堂演讲中，学生需要提前搜集、阅读相关资料，并了解所选择的历史人物或事件的基本内容。随后，他们创作自己的演讲稿，并在试讲和改进后，在课堂上向全班同学进行演讲。例如，提前一周给选修课的四个小组布置演讲任务。

为应对此次任务，四个小组将从主题"凿空者张骞""法显西行""郑和下西洋"和"一带一路"中各自选择一个。小组合作搜集相关资料，撰写约500字的演讲稿，并可以制作 PPT 作为演讲辅助工具。

演讲环节设定如下：每个小组派出一名代表作为"演说家"，上台进行演讲，时间限制为 5 分钟。其他同学将根据演讲者的内容深度、情感表达、手势运用、PPT 制作、时间控制等方面进行评分，满分为 10 分。根据得分高低，评选出"最佳演说家""最佳故事奖""最佳表现奖"和"最佳参与奖"。

这种互动游戏能够激发学生对知识的热情与表现欲望，培养学生的阅读理解、文本创作、演讲表达和团队协作能力。使学生在潜移默化中形成积极向上的情感态度和价值观，有助于他们全面发展。

2. 历史剧编排

设计历史剧编排活动"遥想传奇：郑和下西洋"。这类剧本的创作要求相对复杂，但也更具挑战性。具体要求如下：

首先，每个由 8 人组成的小组需要充分讨论后确定剧情主线，明确每位成员的任务分工，包括编剧／导演、旁白、永乐皇帝、郑和、翻译、外国国王、百姓等角色，共同创作历史剧剧本。

其次，在编排过程中，应运用关于郑和下西洋的文物资料和故事，可以融入西方航海家的事迹和对话，进行东西方的比较和碰撞。

再次，剧本内容必须确保没有历史事实错误，并尽可能还原当时真实的历史背景和人物形象。

历史剧编排活动的开展大大激发了学生的学习热情。它不仅实现了教学形式的多样化，还促进了学生之间的合作学习。这种活动使得历史课堂变得生动有趣，让学生沉浸其中。特别是给予那些具有表演和创作才华，以及表现欲强烈的学生一个能够在历史课堂上展现自己才能的机会。

综上所述，无论是课堂演讲还是历史剧编排，都可以引导学生经历一次"学习新知—内化—加工创作—输出"的深度学习过程。通过这种方式，让学生真正融入"知识之旅"中，正如史学大师陈寅恪所言："与立说之古人，处于同一境界"，让学生在对过去历史的了解中产生"同情"，使历史课堂生动而有价值。

（二）绘制类游戏教学

由于初中生好奇心较强，喜欢动手操作，因此在选修课中专门设置了绘制类游戏教学，主要包括手绘地图、文物表情包创作等形式。

1. 手绘地图

在"寻迹金陵：南京现存海丝遗址探究"活动中，学生被要求利用课余时间前往南京的 12 个海上丝绸之路遗址进行研学，如天妃宫、静海寺、龙江宝船厂遗址等。他们需要完成《南京海丝遗址游学清单》以记录所见所闻。

通过实地调查和研学，学生将了解南京现存海上丝绸之路遗址的基本信息。回到课堂后，教师会分发南京行政区划的简图，要求学生使用彩笔，在地图相应区域手绘与遗址相关的文物、人物等形象，创作手绘版南京海上丝绸之路遗址地图。这种手绘地图的形式能够将复杂的信息简化、可视化，展现在地图上，新颖美观，能够有效激发学生的探索兴趣和创造力，使学习方式更加丰富多样。

这个活动不仅让学生参与实地考察，还深化了他们对历史遗址的理解。通过手绘地图的制作，学生可以更直观地表达他们对南京海上丝绸之路遗址的认识，促进他们对历史文化的深入思考和感悟，并激发他们对历史地理知识的学习和兴趣。

2. 文物表情包创作

近年来，博物馆文创产品和微信表情包受到了不同年龄人群的欢迎，成为流行文化中的一股热潮。这个现象给了笔者一些启示，并在本节课中加入了"文物表情包创作"这一环节，旨在让学生能够通过发挥他们的想象力和创造力，以南京六朝时期的瓦当为底图，设计并制作具有独特魅力的文物表情包。

这个创意活动不仅能够激发学生的好奇心和求知欲，还可以让他们在这个过程中深入了解了南京六朝时期的瓦当文化。通过查阅历史资料，学生可以获得关于瓦当的详细信息，了解其中包括人面纹、云纹和莲花纹等三大类别的历史文物知识。同时，学生将运用他们的想象力和创造力，将这些瓦当的文物形象转化为可爱、有趣的表情包图案。

这个活动不仅能够拉近学生与历史文物之间的距离，使他们更亲近这些文物，更能够使文物在学生手中焕发新生，创造出一种有趣、时尚的表达方式。通过创作文物表情包，学生可以将文物融入当代的流行文化中，让传统与流行相结合，让博物馆里的文物"活"起来。

此外，这个创意活动还锻炼了学生的想象力、创造力和艺术表达能力。他们需要将文物形象转化为图案，并在设计中注入自己独特的风格和创意。这将培养学生的审美能力和艺术感知，同时也提升他们的设计思维和表达能力。

总之，文物表情包创作是一种创新的教学方式，既激发了学生对历史文物的兴趣，又培养了他们的创造力和艺术素养。这样的活动不仅使学习变得更加生动有趣，也为学生提供了展示自我的机会，促进了他们的个性发展和全面成长。最重要的是，它将博物馆的文物与当代文化相结合，为传统文化注入了新的活力和魅力。

（三）竞赛类游戏教学

在测评选修课的教学效果时，不同于以往的纸笔测试，教师同样可以采用游戏的测评方式。

1. 历史线索题

在"中国诗词大会"文字线索题的基础上，本节课的教学活动增加了创作历史线索题的环节。教师首先向学生介绍文字线索题的答题形式和游戏规则，可通过播放节目视频进行示范说明。随后，学生将根据所学南京海上丝绸之路的历史和文物知识，编制历史线索题。

每道历史线索题都要求包含题目本身以及四个线索。题目采用半开放式句式，例如"请说出这是哪一历史文物？"而四个线索则按照先易后难、先广后泛的特定顺序排列，以协助参与者逐步锁定正确答案。

例如，一个题目可能是："请说出这是哪位历史人物？"

线索一：他是中国古代纵横海上丝绸之路的著名航海家；

线索二：他曾率队七下西洋，开拓贸易往来；

线索三：梁启超称其为"祖国大航海家"，并为其作传；

线索四：他的航迹遍布东南亚和非洲等地。

学生需要充分掌握相关历史信息，提炼出特色化信息并设计好线索顺序。优秀的历史线索题的描述应清晰、精准，确保答题者可以准确理解和处理线索，最终锁定正确答案。为确保题目质量，学生需要提交编制的历史线索题供老师检查核对。任何不符合要求的题目都需要重新修改，直至所有题目符合规定要求为止，确保教学活动效果达到预期。

2."你说我猜"游戏测评

在 20 分钟左右的"历史线索题"活动之后，教师可以设计"你说我猜"的游戏来对学生的学习情况进行测评。这种多元化的测评方式使学生在参与游戏的同时不会感到单调乏味，有利于检验他们对南京海上丝绸之路历史和文物等知识的掌握情况。

游戏规则简单清晰：每组选择一位"猜词人"背对大屏幕站在讲台上，另选一位"提示人"协助描述，但不能直接提及任何名词中的字；其他学生不得干扰。每小组挑战 5 个名词，限时 3 分钟，用时最少、答对次数最多的小组获胜。

通过这个游戏，学生将被激发出积极竞争意识，同时在竞赛氛围中，学生可以不断巩固历史知识。这种趣味性教学方式深受初中生喜爱，能够促使学生更主动地学习和记忆历史相关内容，锻炼其反应能力和联想能力。

"你说我猜"游戏的设计不仅考查学生的知识储备和理解能力，更注重学生的合作、沟通、团队协作以及应变能力。这种游戏式教学不仅可以激发学生的学习兴趣，还能引导学生主动参与并培养其高阶思维能力，实现了在趣味中学习的目的。在历史课堂中广泛应用这种形式将在为教学提供更广阔的空间的同时培养学生全面素质，实现德智体美全面发展的目标，提升教育教学的品质和效果。

第八章　展望与建议

第一节　展望未来

一、初中历史教育的发展趋势与挑战

（一）多元化的教学手段

随着科技的不断发展和普及，初中历史教学的教育手段将变得更加多元化和先进。教师可以充分利用数字化教学资源、虚拟实境技术以及人工智能等高科技手段，为学生打造出更具创造力和互动性的历史学习环境。数字化教学资源包括在线数据库、虚拟历史博物馆、多媒体教学软件等，这些资源可以帮助学生更直观地获取历史资料，激发他们的学习兴趣。虚拟实境技术则可以通过虚拟现实眼镜或全息投影等设备，让学生身临其境地感受历史事件，加深他们对历史的体验和理解。而人工智能技术则可以根据学生的学习习惯和表现，提供个性化的学习内容和反馈，帮助学生更高效地掌握历史知识。综合运用这些先进技术，可以让初中历史教育更加生动有趣，帮助学生深入思考、积极参与，提升教学效果和学习体验。通过不断创新教学手段，初中历史教学将朝着更富有活力和启发性的方向发展，在培养学生成为有批判思维和创造力的历史人才上取得更大突破。

（二）跨学科融合与综合素养培养

　　未来的初中历史教育的跨学科融合与综合素养培养的趋势将更为明显。历史教学不再简单局限于历史知识的传授，而要与其他学科积极融合，为学生提供更全面的学习体验、更广阔的和知识视野。跨学科学习将使学生在历史学习中接触到更广泛的知识领域，如文学、艺术、科学等，帮助他们建立起更为丰富的认知结构。通过跨学科融合，学生将能够更深入地理解历史事件背后的社会、文化、政治等方面的因果关系，培养批判性思维和跨学科思维能力。此外，在跨学科学习的过程中，学生还将接触到各种不同的思考方式和方法论，从而促进其创新意识的培养。通过融合不同学科的元素，学生在历史学习中将得到更为全面的发展，综合素养也将得到有效的培养和提升。这种综合素养的培养不仅包括对知识的掌握，还包括对批判性思维、创新能力、综合分析能力、沟通能力等的培养，使学生在未来面对复杂多变的社会环境时能够更好地适应和应对。综合而言，跨学科融合与综合素养培养将成为未来初中历史教育的重要发展方向，为学生的综合发展和终身学习能力的提升提供有力支持。

（三）个性化教学与关爱教育

　　未来的初中历史教学将更加关注每个学生的个体差异和学习需求，实施个性化教学并注重关爱教育。个性化教学是一种针对学生个体特点和学习风格的教学方式，旨在满足不同学生的学习需求和发展潜力。

　　在个性化教学中，教师通过差异化课程设计，根据学生的能力水平和兴趣特长，灵活调整和适配教学内容，使每位学生能够在自身的学习能力范围内取得合理的进步。教师可以运用多样的教学策略和方法，例如小组合作学习、分层指导、项目制学习等，以促进学生的积极参与和深入思考。此外，个性化教学还包括提供个别辅导和反馈，根据学生的学习表现和需要，给予及时的指导和支持，帮助他们克服困难，提高学习成绩。

除了个性化教学，关爱教育也是未来初中历史教育的重要方向之一。关爱教育强调对学生的心理健康和情感发展的关注，建立良好的师生关系。教师应积极倾听学生的心声，关注他们的情感变化和困扰，提供必要的帮助和支持。同时，学校和社会也应提供相应的支持与资源，提高学生的心理健康保障和幸福感。

总之，个性化教学与关爱教育的结合可以更好地满足不同学生的需求，并帮助他们发掘个人潜能。通过关注学生的个体特点和情感需求，初中历史教育可以为学生提供更温暖且富有人文关怀的学习环境。此外，个性化教学与关爱教育的实施还能够激发学生的学习动力和成就感，培养他们的自信心和独立思考能力。

二、可持续发展的路径与策略

（一）加强师资队伍建设

加强师资队伍建设是促进初中历史教育发展的关键之一。为了提高教师的专业素养和学科知识水平，需要采取一系列措施推动教师的专业发展。

第一，应建立完善的教师培训体系，为教师提供系统化的培训和进修机会。培训应注重拓宽教师的学科知识面，更新教学理念和教学方法，并开展实践研究活动，使教师能够不断提升自己的专业能力和教学水平。

第二，学校和教育部门应加大对教师的支持力度，提供必要的资源和支持。例如，可以建立教育科研项目或设立奖励机制，鼓励教师参与教育教学研究，推动创新教育理念和方法的探索和应用。此外，学校还可以建立专业学习社区或专家指导制度，为教师提供交流、合作和指导的机会，促进教师间的共同成长和互相学习。

第三，教育部门可以加强对初中历史教师的选拔和培养，提高招聘门槛，确保每位教师都具备相应的专业素养和学科知识。同时，为了吸引优秀人才从事初中历史教育，还可以提供合理的薪酬待遇和良好的职业发展空间，同时，建立健全的晋升机制，激励教师持续提高自身能力。

总之，加强师资队伍建设不仅需要教师个体的努力，也需要教育管理部门、学校和社会的共同支持。通过建立完善的培训体系、提供支持和资源、加强选拔和培养等措施，初中历史教师的专业素养和学科知识水平将得到提高，从而推动初中历史教育的发展。

（二）优化教学资源配置

优化教学资源配置是推动初中历史教育发展的重要举措之一。通过充分利用数字化教育资源，加强教材编写和辅助教材开发，资源共享与互补，可以提供多样化的教学资源，满足学生不同的学习需求。

首先，在充分利用数字化教育资源方面，可以建设和完善数字教学平台，提供在线教学内容、课件、视频资源等，并配备互动式学习工具和辅助学习软件。教师可通过这些平台组织在线课堂、学习群体交流以及作业提交和批改等教学活动。同时，利用智能化技术和人工智能，可以提供个性化的学习辅导和反馈，促进学生的自主学习和深度思考。

其次，加强教材编写和辅助教材开发，可以提供更具针对性和质量保障的教学资源。教材编写应注重充实内容、关联时下社会问题，突出历史研究方法和思维模式的培养，使教材更加生动有趣、与时俱进。此外，辅助教材的开发可以为学生提供深度分析历史事件的案例、名人传记、历史实物模型等，以加强学生对历史知识的理解和运用能力。

最后，资源共享与互补也是优化教学资源配置的重要方面。不同机构、学校和社区之间可以建立资源共享的平台，共同利用优质教育资源，避免资源浪费和重复开发。例如，学校之间可以进行教学资源的交流与分享，共同制定教学计划和教学活动。同时，学校与社区的合作也能够开拓学生的学习空间，提供更多实践机会和社会参与经验。

（三）加强与家长、社会的合作

加强与家长和社会的合作是推动初中历史教育发展的重要途径。通过积极与家长和社会资源进行合作，可以为学生提供更丰富的历史学习经验，促进学生全面发展。

首先，在家校合作方面，学校应建立健全的家庭教育指导制度，加强与家长的沟通和合作。学校可以定期组织家长会、家访和亲子活动，介绍和解释相关的历史教学内容，引导家长了解学生在学校的学习情况，共同制定学生的学习计划和目标，并提供相关的教育资源和指导。

其次，在社会合作方面，学校可以与历史研究机构、博物馆、图书馆等建立稳定的合作关系，开展学生参观游览、实地考察等历史学习活动。这些机构可以向学生提供专业知识和实践机会，让学生亲身体验历史文化的魅力，激发学生对历史的兴趣和探索欲望。同时，学校还可以邀请历史专家、学者和社区人士来举办讲座、交流和讨论，拓宽学生的历史视野，加深他们对历史事件的理解和分析能力。

总之，家校合作和社会合作不仅可以向学生提供更广阔的学习平台，还能促进学生的社会适应能力和综合素养的培养。通过与家长沟通和合作，学生能够在学校和家庭之间建立良好的互动关系，形成家校合力，共同关注学生的成长和发展；而与社会资源进行合作，学生可以了解社会的多样性和复杂性，增强社会参与意识和责任感。

第二节　建议与总结

一、针对性建议的提出与讨论

（一）激发学生学习兴趣

激发学生对历史学科的学习兴趣是教育工作中至关重要的任务之一。为实现这一目标，教师可以通过设计富有启发性的教学活动和创设具有挑战性的学习任务，激发学生的好奇心和求知欲，从而引导他们积极参与学习、深入思考。具体而言，教师可以采取以下措施：

1. 设计富有启发性教学活动

教师可以结合历史教学内容和学生的实际情况，设计富有启发性的教学活动，如案例分析、历史剧表演、历史互动游戏等。通过生动有趣的教学活动，激发学生的兴趣和参与度，使历史内容更加生动易懂，增强学生的学习体验。

2. 创设具有挑战性的学习任务

教师可以给予学生具有一定难度和挑战性的学习任务，鼓励他们主动探索和解决问题。例如，组织学生进行历史研究项目、开展历史论文写作或设计历史展览等，让学生在实践中提升自主学习和批判性思维能力，从而培养他们对历史学科的深入兴趣和热情。

在实际操作中，教师还可结合学生的兴趣爱好和特长，开展个性化的学习活动，激励学生的学习动机和学习激情。同时，教师应及时关注学生的学习状态和反馈，根据学生的学习表现调整教学策略，确保教学活动既具有挑战性又能够满足学生的学习需求。

（二）培养学生综合素养

培养学生综合素养是当今教育发展的重要目标之一，这不仅需要关注学生的学科知识水平，还需要着重培养学生的思辨能力、创新能力、合作精神等素质。通过有针对性地教学设计和实践活动，教师可以帮助学生全面发展，提升他们的综合素养。

1. 在培养学生思辨能力方面

教师可以设计启发性的问题解决任务，激发学生的思考意识和质疑精神。通过开展辩论赛、研讨会、案例分析等活动，引导学生运用逻辑推理和批判性思维，培养其分析、判断和解决问题的能力。此外，教师还可以引导学生进行探究式学习，让他们自主探索和发现知识，培养批判性思考和批判性思维，从而提升思辨能力。

2. 在培养学生创新能力方面

教师可以设计具有启发性的创新活动，如项目制学习、科技实践等。通过参与实际问题的解决、独立或合作完成创新项目等方式，激发学生的创造力和创新意识，培养其解决新问题、创造新知识的能力。同时，教师还可通过鼓励学生尝试新思路、表达新观点等方式，激发学生的创新潜力，培养其独立思考和创造性思维。

3. 在培养学生合作精神方面

教师可以组织多样化的合作学习活动，如小组讨论、团体项目等。通过让学生共同合作、协同努力完成任务，培养学生的团队意识和沟通能力，培养合作意识和团队协作精神。同时，教师还可以引导学生学会倾听他人意见、尊重他人观点，培养学生的团队协作和领导能力，推动学生积极融入集体，形成良好的团队合作氛围。

（三）推动教育评价改革

推动教育评价改革是促进教育质量提升和学生全面发展的关键举措。在这个过程中，倡导多元化的评价体系是至关重要的，这意味着评价不应仅仅局限于传统的分数评定制度，而应注重对学生学习过程和学科能力的综合评估。

多元化的评价体系应当建立在多种评价方法和工具的基础之上，包括但不限于项目作业、口头报告、展示性任务、实践表现、同行评价等。通过这些多样化的评价方式，可以更全面地了解学生的学习状况、动机和能力，并为其提供更准确、有效的反馈，激励学生持续学习和提升自我。此外，多元化的评价体系也有助于突出学生的个性特点和潜能，培养学生的创新思维和问题解决能力。

除了学生的个人评价外，教育评价改革还应重视学校和教师的综合评价。通过建立一个包容性的评价机制，可以全面评估学校的教学质量、管理水平和发展规划，为学校制定更科学合理的发展方向提供依据。同时，对教师的评价也应当更加注重其教学水平、教育创新能力和职业素养等方面，促进教师专业成长和教学质量提升。

教育评价改革的推动还需要引入先进的技术手段和评价工具，如大数据分析、人工智能等，以提高评价效率、客观性和科学性。同时，应该加强对评价结果的利用，及时调整教学策略和政策措施，保证评价的有效性和实效性。

二、对全书的总结与回顾

（一）本书通过系统的论述，全面介绍了初中历史教学的理论与框架

本书通过系统的论述，全面介绍了初中历史教学的理论与框架。深入探讨历史教育的价值和意义，强调历史学科作为培养学生历史素养的重要途径。通过对历史学科核心概念、学科结构和发展趋势的分析，读者可以全面认识历史教学的基本理论，为教育实践提供理论指导。

历史教育在初中阶段扮演着至关重要的角色，不仅有助于学生形成正确的历史观念和文化认知，还可促进他们综合能力的培养。通过历史学习，学生可以接触到丰富的文化遗产，理解历史事件的发展脉络，培养批判性思维和跨学科学习的能力。因此，理解历史教育的价值与意义对于教师和学生而言至关重要。

在深入探讨历史学科的核心概念时，本书从历史学科的本质特征着手，揭示了历史学科应包含的内容和学科核心。历史学科的结构体系是多层次且

复杂的，通过深入学科结构和发展趋势的分析，读者可以了解到历史学科的内在逻辑和外在表现形式，为教学内容的有序编排提供了重要依据。

随着社会的不断变革和教育理念的更新，历史教学的理论与框架也在持续演进。教育者需要不断审视历史教育的基本原则和方法，结合现代技术手段和教学资源，有效传授历史知识，引导学生进行自主学习和批判性思考。历史教学的理论与框架不仅是教学实践的指导，更是对历史教育未来发展方向的探讨和思考。

（二）本书详细阐释了初中历史教学的学科标准与目标

本书对初中历史教学的学科标准与目标进行了详细阐释，这是教学设计的基础。学科标准规定了学生应掌握的知识内容、能力要求和情感态度等。通过深入解读学科标准，读者可以更清晰地了解学生需要达到的学习目标，为制定个性化和有效的教学计划提供具体依据。

学科标准在课程设置、教材编写、教学设计和教学评价等方面起着重要的作用。在课程设置方面，学科标准指导教师确定教学内容的广度和深度，确保教学的全面性和连贯性。在教材编写方面，学科标准是教材编写者参考的重要依据，从而保证教材内容符合学科标准的要求。在教学设计方面，学科标准明确了学生应该达到的能力要求，教师可以根据学科标准设计多样化的教学活动，促进学生的主动学习和深度思考。在教学评价方面，学科标准提供了评价学生学习成果的标准和指导，使评价更加客观、有效。

通过对学科标准的深入解读，教师可以更加清晰地了解学生需要达到的学习目标。这些目标并不局限于纯粹的知识掌握，也包括了学生能力的发展和情感态度的培养。学科标准要求学生具备历史思维能力、跨学科思维能力、批判性思维能力等，并要求培养学生对历史事实和现象的理解和分析能力，以及对历史文化和价值的认同和尊重。教师可以根据学科标准中的具体要求，制定相应的教学策略，促进学生全面发展，提升学生的历史素养。

（三）本书探索了初中历史教学的教学策略与方法

本书对初中历史教学的教学策略与方法进行了深入探索，重点关注启发式教学、案例教学和合作学习等多种教学模式，并就如何在实际教学中灵活应用这些方法展开讨论。启发式教学是一种引导学生主动思考、发现问题和解决问题的教学方法，旨在培养学生的批判性思维和自主学习能力。案例教学则通过具体案例或情境来帮助学生深入理解历史事件或概念，促使他们将所学知识应用到实际情境中，进而提高学习效果。合作学习强调学生之间的合作与互动，通过小组合作探讨、共同解决问题等方式激发学生的团队意识和协作能力。

通过学习本书，读者可以发现丰富多样的教学方法，这些方法将为教师提供有益的参考，帮助他们更好地激发学生的学习兴趣，引导学生实现自主学习以及提升学生学科能力。有效的教学策略和方法对于教学成果的提升至关重要。教师应当根据学科特点、教学对象的特征以及教学目标的需求，选择合适的教学策略，创造积极的学习氛围，激发学生的学习热情与主动性。

教学策略的选择不仅影响着学生的学习效果，也反映了教师的教学理念和教学方法。在实际教学中，教师应灵活运用各种教学策略，设计符合学生需求的教学方案，引导学生掌握历史知识的同时培养其综合能力和批判性思维。通过不断探索和实践不同的教学策略和方法，教师可以提升教学水平，激发学生学习潜能，实现教学与学习的双向促进。

（四）本书是对初中历史教学的全景展示

本书全面展示了初中历史教学的多个关键领域，包括教材与资源、教学评价、教学实践与案例分析，并展望了未来的发展方向。在教材与资源部分，本书深入剖析了教材编写原则和优化教材资源的方法。教师在教学过程中，选择恰当合适的教材至关重要，教材是知识的传达工具，应该符合学生的认知水平和学科发展需求。优化教材资源的方法涉及多方面，如内容的深度和广度、教学资源的多样性和有效性等，在教学设计中要充分考虑学生的实际需求和学习特点。

在教学评价部分，本书强调了建设科学合理的评价体系对教学质量的重要性。评价是教学过程中的重要环节，能够帮助教师了解学生的学习情况和掌握知识的水平，同时也促进学生的自我认知和学习成效的提升。本书介绍了多种评价方法，包括传统的考试评价、作业评价、项目评价以及更具实践性的表现评价、自我评价等方法，教师可以根据不同的教学目标和学生特点选择适合的评价方式，全面而有效地评估学生的学习情况。

在教学实践与案例分析部分，本书通过深入剖析案例，探讨了如何将历史教学理论应用于实际教学中。案例分析可以帮助教师更好地理解教学过程中遇到的问题及探索解决方法，提供了具体的操作指南和实践经验。通过借鉴案例分析中的成功经验和教训，教师可以不断改进自身教学方式，提升教学效果。

此外，本书对初中历史教学的未来发展进行了展望，指出了其发展趋势和面临的挑战。随着社会变革和教育需求的不断演变，初中历史教学也面临着新的挑战和机遇。教师需要不断更新教学理念，积极应对教学改革，结合现代技术手段和教学资源，推动教学质量不断提升。

参考文献

[1] 伊胜广. 浅议历史故事在初中历史教学中的运用 [J]. 中国校外教育，2017
（35）: 68.

[2] 徐萍萍. 历史故事在初中历史教学中的应用价值 [J]. 软件（教育现代化）
（电子版），2019（9）: 109.

[3] 孙忠华. 基于历史故事的初中历史教学探究 [J]. 科学咨询（教育科研），
2020（1）: 245.

[4] 崔健. 初中历史学科故事化教学应用策略探究 [J]. 中国多媒体与网络教学
学报（下旬刊），2023（09）: 113-115.

[5] 张艺超. 主题式历史教学活动设计策略浅探——以部编本七年级上册第四
单元为例 [J]. 中学教学参考，2020（13）: 62-63.

[6] 刘志洲. 初中历史教学优化策略探析 [J]. 新课程研究，2020（02）: 121-
122.

[7] 杨飞杰. 基于问题导向的初中历史单元教学设计与思考——以统编教材七
年级上册《史前时期》为例 [J]. 福建基础教育研究，2020（08）: 88-90.

[8] 高违. 初中历史大单元教学方法探究 [J]. 智力，2023（15）: 72-75.

[9] 李秀珍. 核心素养指向下的初中历史课堂教学优化 [J]. 中学课程辅导（教
师教育），2021（04）: 21-22.

[10] 王东进. 浅析历史学科中史料实证核心素养的培养 [J]. 中学政史地（教
学指导），2021（02）: 64-65.

[11] 王汉超 . 浅谈小组互动，六步达标教学模式在初中历史教学中的作用 [J].
数字化用户，2017，23（22）：193.

[12] 陈华 . 互动式教学模式在初中历史教学中的运用探究 [J]. 新课程，2021
（11）：206.

[13] 郑惠萍 . 初中历史新常态课堂融入互动式教学的研究 [J]. 读与写，2019，
16（8）：197-198.

[14] 杨柳 . 初中历史互动式教学模式的探究 [J]. 东西南北：教育，2021（6）：1.

[15] 李平 . 互动式教学模式在初中历史教学中的应用分析 [J]. 考试周刊，
2021（16）：141-142.

[16] 洪丽芳 . 互动式教学模式在初中历史教学中的应用 [J]. 创新创业理论研
究与实践，2020，3（10）：138-139.